ANDREA DE SISTI

PROFESSIONE NETWORKER

Tecniche e Strategie Pratiche
Per Avviare Un'Attività Da 0 a 100
Nel Network Marketing Con il Web

Titolo

"PROFESSIONE NETWORKER"

Autore

Andrea De Sisti

Editore

Bruno Editore

Sito internet

http://www.brunoeditore.it

Sommario

Introduzione

Mi chiamo Andrea De Sisti, ho scelto di scrivere questo libro per raccontare la mia esperienza, fatta di fallimenti e di successi nel Network Marketing, con l'obiettivo di essere fonte d'ispirazione e di fornire informazioni indispensabili a tutti coloro che cercano una strada per raggiungere la loro libertà finanziaria, attraverso questo modello di business.

Per poter essere esplicito e chiaro non posso fare altro che partire dall'inizio, così da potervi far percepire ogni sensazione e farvela sentire come se fosse una vostra esperienza. Esatto: mettendomi a nudo.

Mettere a nudo le mie emozioni, poiché sono state il mio più grande limite e la mia più grande forza, raccontarvi quindi ogni volta in cui ho creduto di non farcela, oppure in cui ho pensato di essere invincibile e destinato al successo (delirio di onnipotenza), dove tutto mi era permesso e nulla mai sarebbe andato storto.

Tutto questo mentre percorrevo il cammino verso il mio obiettivo:
Iniziò tutto in giovane età.

Sono l'ultimo di quattro figli di una famiglia modesta, mio padre
era un impiegato comunale e mia madre una casalinga. Da
adolescente assistevo di frequente a discussioni legate al poco
denaro disponibile per poter assolvere tutti gli impegni giornalieri
che si facevano sentire particolarmente gravosi, poiché amplificati
dalle rate di un mutuo stipulato per l'acquisto di casa.

Vivevo in un quartiere periferico di Roma, dove la maggior parte
dei miei amici aveva realtà familiari simili alla mia. Ho ricordi
molto belli di quegli anni. Soltanto al pensiero, ancora oggi, mi
sento pervadere da emozioni che fanno brillare i miei occhi e
battere forte il cuore, nonostante siano passati molti anni.

Vi sto raccontando questa parte della mia vita perché in quegli
anni, dentro di me, stava accadendo qualcosa che avrebbe
cambiato radicalmente il mio destino.

Tale era la sofferenza nel vedere i miei genitori litigare furiosamente per la gestione del poco denaro che arrivava, che feci un giuramento: giurai a me stesso che avrei fatto il possibile per avere un futuro diverso. In quei giorni stavo praticamente definendo il mio obiettivo a lungo termine.

Mio padre era un uomo onesto, severo, dedito alla famiglia, un gran lavoratore con regole di vita molto strette, amante della cultura, anche se aveva soltanto il titolo della scuola media inferiore. Da lui ho appreso l'importanza del rispetto e dell'onestà.

Mio padre mi ha insegnato, soprattutto, la lezione più importante: se volete veramente qualcosa, impegnatevi con tutta la forza che avete, per tutto il tempo che potete, finché il raggiungimento di un obiettivo non sia contemplato. Questo me lo ha insegnato con l'esempio, ogni giorno della sua vita.

Mio padre morì all'età di 54 anni, io ne avevo soltanto 22, leucemia fulminante: se ne andò in 30giorni soltanto. Anche quella volta mi insegnò qualcosa di unico.

Mentre scrivo e consapevolizzo questa realtà ho le mani sudate, il battito accelerato e un nodo alla gola che mi blocca il respiro. Il mio maestro di vita mi stava illuminando con un concetto tanto semplice quanto banale che spesso dimentichiamo e che lui voleva che io ricordassi per sempre: la vita ha un tempo limitato, non sprecatela.

Dopo la sua morte tutto cambiò, la mia consapevolezza cambiò, capii che non era più tempo di giocare: il mondo del lavoro e il mio successo professionale mi stavano aspettando. Cominciai a svolgere i lavori più umili, fino ad approdare in un'azienda di proprietà di mio zio, che mi diede la possibilità di avere un lavoro a tempo indeterminato, un lavoro "sicuro".

Ricordo ancora le emozioni che provai il primo giorno e le aspettative che avevo rispetto alla carriera fulminea che avrei avuto in quell'azienda. Tutto si stava avverando, ero eccitato, mi sentivo come fossi arrivato a un traguardo epico e in qualche modo lo avevo fatto veramente.

Non avevo compiuto ancora 23 anni e avevo un posto di lavoro di tutto rispetto che mi avrebbe permesso di "capire". Infatti, dopo qualche anno, capii che il mondo del lavoro non era precisamente come lo avevo disegnato nei miei sogni e il fatto di essere nipote del proprietario non faceva cambiare le regole del gioco.

Le difficoltà che incontravo per la fatidica carriera alla quale aspiravo, spesso erano legate alla mia poca cultura nel settore. Nonostante fossi diplomato in elettronica, e l'azienda si occupasse proprio di quel campo, non avevo una preparazione tale che mi consentisse di spingermi oltre nella fase di progettazione.

Dopo pochissimi anni avevo raggiunto quasi il massimo livello al quale poter aspirare e fui allora sufficientemente lucido da capire quanto mi stesse accadendo: se non avessi preso una decisione in quei tempi, non l'avrei più fatto per il resto della mia vita. Mi licenziai per dedicarmi a un'attività commerciale che mi avevano prospettato e che mi dava una *vision* futura completamente diversa, la stessa *vision* che avevo giurato di perseguire nella mia adolescenza.

Il mio cammino verso la leadership nel Network marketing era iniziato. Amici e familiari mi avevano dato per spacciato: secondo loro, la mia mentalità poco convenzionale mi avrebbe sicuramente portato sull'orlo di un baratro. Lasciare un posto di lavoro sicuro era, per loro, una follia.

Gli amici più stretti non persero occasione per darmi "contributi motivazionali importanti", prendendomi spesso in giro. Mia madre era disperata e per questo mi dispiacevo: l'ultimo dei figli gli stava creando un mare di problemi, avrebbe voluto conoscere chi mi aveva messo in testa certe idee, chi stava rovinando il suo figliolo.

Dal canto mio, io non potevo barattare la mia felicità per non far dispiacere la persona a me più cara, non potevo perdere la mia vita, era ed è troppo preziosa. Mio padre mi aveva insegnato proprio questo, donando la sua vita. Avevo chiaro il mio obiettivo: lavorare e guadagnare un semplice stipendio, per quanto fosse onorevole e rispettoso, non mi bastava.

Volevo il successo, volevo guadagnare il mio rispetto, guadagnare più denaro, guardarmi allo specchio e sentirmi fiero di quanto avevo costruito.

Il successo, infatti, non tardò ad arrivare. Raggiunsi in quel Network una qualifica importante nei primi sei mesi di attività, dedicando tutto me stesso e rinunciando a molte delle cose piacevoli che i ragazzi della mia età facevano. Nel frattempo, avevo cambiato macchina, il mio tenore di vita era migliorato e gli stessi amici che prima mi prendevano in giro cominciavano ad elogiarmi: "Sapevo che ce l'avresti fatta, tu sei tagliato per queste cose".

Avevo immaginato quel momento mille e mille volte nei miei sogni. Attraverso l'impegno quotidiano e superando le sfide che il percorso mi riservava, vedevo il mio obiettivo sempre più vicino: ero orgoglioso di me stesso.

Mi sentivo diverso, avevo la sensazione di dominare il mondo economico, avevo credenze potenzianti, potevo vincere qualsiasi sfida, il mio ego era alle stelle.

Collaborai con quell'azienda per circa quattro anni, imparai tutto il piano carriera e le logiche che lo componevano. Ogni domenica partivo alla volta di corsi di formazione che avrebbero aumentato le mie competenze.

Spesso non guadagnavo quanto investivo, ma la mia sete di conoscenza era più forte di qualunque altra cosa e i risultati che stavo ottenendo, anche se ambìti dalla maggior parte dei miei colleghi, non erano ancora soddisfacenti per me. Volevo di più, volevo un posto sul podio.

Nella mia testa cominciò a prendere forma l'idea che quella società fosse troppo grande e strutturata per le mie ambizioni, in quanto i posti di prestigio erano già occupati dai veterani nella stessa in Italia e nel resto del mondo. Avrei potuto continuare a guadagnare, anche molto bene, in quanto, più la società prendeva piede nel mercato e si faceva conoscere, più, in teoria, avrei attenuto facilmente dei risultati.

Nella realtà, paradossalmente, non fu così. Sempre meno persone, infatti, riuscivano a scalare e fare carriera. Presi allora una decisione drastica: dopo quattro anni era arrivato il momento di cambiare azienda. Cercai qualcosa che rispettasse la mia visione di Network marketing, ma sul mercato non c'era nulla di simile, tranne due aziende troppo grandi per lasciarmi lo spazio che desideravo.

Fu allora che decisi di investire le competenze acquisite per mettere in piedi la mia azienda di Network: con due amici mettemmo a punto un piano strategico entusiasmante, cominciammo a muovere i primi passi per realizzare il nostro progetto imprenditoriale.

L'adrenalina era alle stelle, il ragazzo di periferia stava entrando nel business dei grandi. In quei giorni conobbi la persona che cambiò letteralmente la mia visione sulle competenze formative, Roberto, il quale diventò mio socio. Grazie a lui capii che, fino a quel momento, avevo soltanto assistito agli eventi motivazionali sul modello americano e ai corsi tecnici sullo sviluppo del Network in funzione della carriera.

Questi corsi, infatti, davano sicuramente entusiasmo nel fare delle azioni, ma non fornivano nessuna strategia o competenza sul come comprendere le varie fasi che si attraversano nella crescita professionale e sul come superarle. Cominciai a conoscere l'altra faccia della medaglia, quella che nessuno racconta, quella che è in realtà la condizione necessaria per fare il salto di qualità: ossia avere capacità comunicative, di *public speaking*, di gestione delle risorse umane e, soprattutto, la capacità di gestire il proprio stress.

Per passare al livello successivo avevo bisogno di competenze diverse, competenze che si acquisiscono attraverso corsi per lo sviluppo delle potenzialità umane. Ebbi accesso a queste grazie a Roberto e al suo formatore, un giovane ragazzo con la passione, quasi ossessiva, per lo studio e per l'insegnamento.

Ero entusiasta: cominciai a vedere tutto possibile e realizzabile, cominciai a conoscere le mappe mentali per arrivare al successo. Ancora non avevo compiuto 30 anni e la mia condizione mentale ed economica era stravolta.

Il rapporto che si creò con il mio nuovo socio fu qualcosa di speciale: stima e rispetto reciproci aumentavano la nostra voglia di conquistare qualcosa di unico. Cominciammo a lavorare fianco a fianco, unendo le competenze per costruire quella che diventò una delle più grandi reti Network a livello nazionale. Eravamo orgogliosi, forti.

Cominciava a instillarsi nella nostra mente l'idea che nulla e nessuno avrebbe potuto più fermarci, avevamo creato un esercito di distributori motivati e formati, pagavamo provvigioni da capogiro ai nostri fedelissimi amici/consulenti.

In quegli anni, tanto era il successo e la sfarzosità che trasmettevamo con il nostro stile di vita che gli amici e i parenti percepivano un grande distacco socio-economico, talmente grande che si relazionavano con noi sempre con grande rispetto. La percezione che gli altri avevano di me mi gratificava, sentivo di essere una persona di successo, riconosciuta. Il sogno da adolescente si era avverato.

Vacanze in barca, macchine lussuose, i migliori ristoranti erano diventati la normalità. Le persone che prima mi giudicavano cominciavano a osannarmi, ero il loro idolo, troppo bravo anche da modellare. Gli stessi che mi avevano schernito, chiedevano con grande umiltà lavoro per i propri cari o amici. Ero diventato un imprenditore di successo.

Mia madre era felice, ma ancora non credeva cosa stesse accadendo e, di tanto in tanto, rimarcava il fatto che non avrei dovuto lasciare il posto fisso. Eppure Luca Medici, in arte Checco Zalone, esordì con "Quo Vado" soltanto nel 2016.

Erano gli anni 2000-2001, la società era diventata un riferimento nel mondo della distribuzione, un fiore all'occhiello, ambìta da molti. Con una rete di circa 25.000 distributori e con oltre 200.000 clienti, imprenditori e professionisti cercavano di avvicinarsi in ogni modo possibile, per proporre milleuno affari da sviluppare insieme.

In quel momento storico della mia vita non avevo mai avuto tanti amici "fraterni". Tutti mi ospitavano ed erano così gentili da offrirmi il loro aiuto in ogni occasione. Soltanto qualche tempo dopo capii come stavano veramente le cos: la nostra società era composta da più persone, tutte giovanissime, tutte molto inesperte, prede facili per gli squali del business.

All'apice del successo, quando eravamo in pieno delirio di onnipotenza, purtroppo la nostra inesperienza chiese il conto. L'azienda era cresciuta a dismisura, ma le mie competenze dell'epoca non erano tali da poter gestire una crescita così importante in così poco tempo.

Il rapporto tra i soci non era così stabile e ognuno cominciò a pensare non più in modo gruppale, ma come singolo individuo, preso dalle proprie esigenze. In meno di un anno da quei momenti di gloria, la società fallì, tutto si sgretolò come un castello di sabbia.

Non ho parole così tanto profonde per far comprendere quale fu il mio stato d'animo. Ero a pezzi, distrutto, tutto il lavoro portato avanti negli anni era andato in fumo, mi vergognavo, non accettavo il fallimento. Cercai di dare la colpa al socio che si occupava della gestione contabile dell'azienda, ma alla fine la responsabilità di ogni azione fatta o non fatta era mia.

In qualche modo mi ero deresponsabilizzato e ne pagai le severe conseguenze. Rimasi solo. Roberto, il mio caro amico e socio, reagì al dolore del fallimento trasferendosi all'estero. Io rimasi a Roma, ero come stordito, non riuscivo a capire bene cosa mi stesse accadendo, avevo paura.

Gli amici, che prima riempivano le mie giornate, sparirono, non avevano più tempo per me. Gli imprenditori, che fino a poco tempo prima non perdevano occasione per propormi business da fare insieme, non rispondevano più al telefono. Alcuni, quelli con i quali avevamo cominciato a entrare in affari, cambiarono addirittura il numero di cellulare.

Conobbi la solitudine, ma la cosa che mi fece più male in assoluto fu quella di aver dato così tanto valore a quei rapporti di pseudo-amicizia, che mi sentivo stupido, usato e tradito nel più profondo del cuore. Ci misi anni per riprendermi.

Continuavo a chiedermi cosa poter fare per tornare a essere quell'uomo brillante, pieno di idee di una volta e come poter scrollarmi di dosso il peso del fallimento.

Un giorno tutto si fece chiaro. La prima cosa da fare era acquisire le competenze che mi avrebbero portato a un livello superiore. Studiai molto per questo e, più andavo avanti, più capivo che quello che mi era accaduto era semplicemente normale, non sarebbe potuto andare diversamente.

Per avere cose diverse e durature nel tempo dovevo diventare una persona diversa, più matura, più responsabile, più consapevole dei miei valori e dei miei limiti. Sicuramente dovevo acquisire competenze fino ad allora sconosciute. Soltanto studiando potevo crescere veramente.

Nel frattempo divenni papà di due meravigliosi gemelli, la mia vita stava prendendo una forma diversa, il valore della famiglia si stava radicando in me sempre più forte.

Passarono gli anni e, mentre ero dedito alla crescita dei miei figli, di tanto in tanto usciva qualche lavoro di consulenza che alcuni Networker o società di Network mi commissionavano direttamente oppure attraverso Roberto il quale, nel frattempo, era diventato un riferimento nella mia vita, qualcuno su cui contare, sempre, anche nelle situazioni più difficili come quella che avevamo vissuto.

Passarono molti anni, ma la mia passione per questo sistema di distribuzione non accennava ad affievolirsi. Mi divertivo nello studiare ogni società di Network che si affacciava sul mercato, analizzavo gli elementi in modo imparziale: prodotto, piano carriera, sistema formativo, costi avvio attività, costi del prodotto, qualità del prodotto, frequenza degli incontri e metodologia utilizzata, creando dei veri e propri moduli che mi consentivano di schematizzare in modo chiaro ogni azienda presente sul mercato.

Cominciai, quindi, ad analizzare queste società e mi accorsi, con mio grande stupore, che quelle che avevano un successo duraturo negli anni, non solo avevano caratteristiche simili tra loro, ma erano anche le stesse aziende che applicavano i medesimi principi di distribuzione utilizzati nel passato e che avevano portato il Network alla notorietà.

Quando parlo dei principi di distribuzione utilizzati nel passato, non intendo le strategie di diffusione del sistema, come l'utilizzo del web e dei social Network (tra l'altro molto efficaci). Di questo parlerò nei prossimi capitoli. Quando parlo di principi di distribuzione intendo, piuttosto, le scelte aziendali sul tipo di prodotto, sul costo e sul sistema di remunerazione dei propri incaricati.

Ci sono alcune aziende che, nonostante abbiano avuto, oppure stiano avendo successo nel mondo di oggi, hanno, secondo le mie analisi, un destino segnato. Le motivazioni per cui affermo questo sono chiare: è sufficiente conoscere il panorama e le caratteristiche delle società presenti o delle società che sono sparite dal mercato. La storia insegna, sottovalutarla è un grave errore.

Ci sono, invece, alcuni Networker che si impegnano in attività, ottenendo, magari, anche successo e fama, ma la mancata analisi del business nel medio e lungo periodo, li porta in breve tempo punto e a capo. Ho scoperto, con l'esperienza, che questo è uno dei più grandi limiti delle persone.

Preferisco di gran lunga impegnarmi in un business dopo averlo valutato attentamente, dopo aver constatato che il progetto sia congruo con le logiche del Network marketing e dopo essermi fatto un'idea di come potrebbe svilupparsi nel futuro.

Sprecare il tempo per ricominciare ogni volta con una nuova azienda, pensando sia quella giusta, senza aver fatto un'approfondita analisi, non ha senso. D'altro canto, però, non tutti hanno le competenze e l'esperienza per poter fare valutazioni di questo tipo. Il mio intento è quello di fornirvi, attraverso questo libro, uno strumento tale da poter fare considerazioni corrette, in modo indipendente e non influenzato dal vostro sponsor.

Vi spiegherò la logica che vi consentirà di scegliere un'azienda di Network piuttosto che un'altra, le caratteristiche che deve rispettare per portarvi al successo e, soprattutto, vi spiegherò come mantenere il successo negli anni. Le logiche che andrò a spiegarvi saranno esplicite e dettagliate, sia nel contenuto che nelle motivazioni, logiche tanto vere quanto verificabili.

Capitolo 1
Come scegliere la giusta azienda di network

In questo capitolo inizieremo entrando nel vivo della scelta dell'azienda. La vostra passione e la vostra voglia di realizzazione nel raggiungere i risultati attraverso il Network marketing saranno la benzina necessaria che vi consentirà di andare fino in fondo. Una condizione necessaria per evitare di perdere tempo nella collaborazione con società che nulla hanno a che vedere con i principi fondamentali del Network.

Vi condurrò passo dopo passo verso le logiche fondanti di questo sistema, tanto che voi stessi ne resterete stupiti e vi domanderete come è stato possibile non averci pensato prima. Sono emozionato nel pubblicare queste conoscenze acquisite in quasi trent'anni di esperienza e di studio.

Credo fermamente che alcuni di voi, coloro che si impegneranno in modo costante seguendo i miei consigli, cambieranno la loro vita, non facendo piccoli progressi, ma ribaltando significativamente la loro condizione economica. Infatti, il motivo che mi ha spinto a scrivere questo libro è legato proprio alla mia voglia di rivalsa sociale: il mio obiettivo è aiutare le persone nel loro percorso verso il successo.

L'aiuto consiste in prima battuta nella scelta oculata dell'azienda con cui collaborare. Se io vi chiedessi: "Qual è la cosa più importante che una società di Network deve mettere a disposizione dei propri incaricati?", sono sicuro che alcuni di voi farebbero nella propria mente un elenco simile a questo: sistema, prodotto, sito web, velocità nelle spedizioni, piano di marketing… e chi più ne ha più ne metta.

Io, molto semplicemente, rispondo: "la possibilità di guadagnare fin dal primo mese", indipendentemente dalla propria capacità di coinvolgere o meno altre persone. Avete capito benissimo: per poter rendere un sistema efficace e duraturo negli anni, si deve poter guadagnare senza coinvolgere altre persone. Per comprendere questo dobbiamo tornare alle origini.

Originariamente, infatti, il Network marketing era basato su un principio fondamentale, quello cioè di far guadagnare ai propri distributori piccole cifre, nell'ordine del 10-30% rispetto alla media degli stipendi nazionali, derivanti dalla distribuzione di uno o più prodotti. Soltanto successivamente, data la soddisfazione tratta dal guadagno ottenuto, avrebbero ben condiviso l'opportunità con parenti, amici, ecc.

A rafforzare questo concetto è da considerare che alcune aziende storiche non avrebbero permesso la costruzione della rete distributiva, se prima non avessero raggiunto dei budget di fatturato personale. Esattamente: il primo guadagno di un distributore deve derivare dalla condivisione dei prodotti commercializzati. Ma qual è la motivazione "reale" che è dietro quest'affermazione? E dov'è la novità rispetto agli altri metodi? Perché un'azienda dovrebbe consentirlo e altre no?

Mettetevi comodi e leggete con attenzione ciò che voglio comunicarvi, poiché nella vostra percezione comprenderete quanto vi sto dicendo.

Il primo guadagno di un Networker deve provenire dalla distribuzione personale: ogni azienda per avere una rete efficiente e non sottoposta a turnover continuo di incaricati deve poter garantire un guadagno, anche a distributori che, per iniziale incapacità personale, non riescono a iscrivere nessuno nella propria rete.

Negli anni, dunque, il Network marketing si è snaturato, andiamo a vedere le motivazioni. Le aziende, per rendere l'opportunità più appetibile, hanno pensato bene di basare il loro piano carriera sull'autoconsumo, puntando tutto sul mero reclutamento, sottovalutando l'impatto a lungo termine che la stessa strategia avrebbe portato e realizzando, quindi, reti di persone attraverso un sistema quasi al limite della legalità.

In queste realtà, ogni incaricato deve acquistare almeno un prodotto ogni mese per rimanere attivo nel Network. In poche parole, se volete maturare e cumulare punti che vi serviranno per ricevere provvigioni, quando avrete e se mai avrete le vostre reti, dovete assolutamente rimanere attivi nel sistema, vendendo o acquistando almeno un prodotto al mese.

Le aziende che adottano questa metodologia di distribuzione alzano a dismisura il costo del prodotto rispetto alla concorrenza, poiché il fatturato, e quindi il guadagno dei suoi incaricati migliori, è basato principalmente sull'autoconsumo e non sulla distribuzione ai clienti finali: il prodotto, infatti, è difficilmente proponibile in quanto particolarmente costoso.

Questa logica viene comunque ben accettata dagli incaricati, i quali sono motivati nel realizzare una rete di auto-consumatori, con l'obiettivo di un potenziale guadagno nel breve termine. Sulla carta tutto sembra funzionare, ma in realtà si nasconde un imprevisto: se il distributore neo-iscritto non ha la capacità di reclutare, sin da subito, grandi numeri di persone disposti a seguirlo nel progetto, il prodotto, che mensilmente bisogna acquistare per non perdere i punti utili al sistema, sarà un costo e non un guadagno, costo che graverà sul budget familiare.

Il neo-distributore, in realtà, aveva scelto di seguirci in virtù di un progetto che avrebbe aumentato il proprio reddito e non aveva scelto di acquistare un prodotto oltremodo caro. Quindi, nel tempo, si accorgerà di aver avuto una perdita di tempo e di denaro e, rimanendo deluso nelle sue aspettative, lascerà il progetto di Network che aveva intrapreso con tanto entusiasmo.

I veterani della rete, coloro che guadagno dal sistema, motiveranno abilmente i neo-distributori con i tanti benefici che si ottengono nell'utilizzo del prodotto, facendo accettare l'esborso come giusto compenso in relazione della qualità ottenuta. Con alcuni, infatti, riusciranno nell'intento, ottenendo una continua dedizione nel sistema e nell'azienda.

Tuttavia, nel lungo termine, un distributore che non guadagna è destinato al fallimento e tornerà di certo sui suoi passi, lasciando il progetto.

Le aziende che utilizzano questo protocollo sono solitamente quelle che adottano il sistema di marketing definito "binario" o "binary plan", sistema che ben si presta alla logica dell'auto-consumo. Infatti, nella comunicazione commerciale viene spostata l'attenzione dal costo-prodotto all'opportunità dello *spillover*.

Lo *spillover* è un potente sistema di persuasione che dà l'opportunità a ogni incaricato di ricevere, dal proprio sponsor, nuovi distributori, cosa idilliaca per ogni incaricato di qualsiasi Network. Nella realtà, senza troppo entrare nel dettaglio, le uniche persone che riescono a guadagnare nei sistemi binari sono quelle che hanno la capacità di reclutare, nel breve periodo, un gran numero di persone.

Il *turnover* in questi sistemi è molto alto e soltanto alcuni leader riescono a mantenere il loro guadagno a discapito di tutti gli incaricati non troppo esperti che, motivati a fare autoconsumo, rimettono soldi destinati, come detto, all'acquisto del prodotto.

Gli incaricati esperti che si associano alle aziende che utilizzano questo protocollo, sfruttano al massimo il momentum (periodo di massima espansione dell'azienda), per poi passare a un'altra società, trasferendo tutti gli incaricati della propria rete nella nuova azienda, operazione più o meno semplice a seconda della propria leadership.

Conosco perfettamente questo sistema, poiché ho voluto testarlo provandolo in prima persona e, con estrema consapevolezza, capisco il motivo per cui le aziende che utilizzano il protocollo del sistema binario hanno una vita media molto bassa.

Sistema, tra l'altro, poco meritocratico, poiché i risultati dipendono principalmente dal proprio lavoro, ma anche da quanto lo sponsor sia capace e influente all'interno della società. Viene semplice comprendere che avere uno sponsor, piuttosto che un altro, può fare la differenza: da qui la poca meritocrazia.

Tornando alle cose fondamentali che un'azienda di Network deve avere per sostenersi e per realizzare una rete di distributori stabile nel tempo, una di queste è far guadagnare gli incaricati neo iscritti, mettendoli nella condizione, prima, di proporre i prodotti tramite la semplice condivisione e, successivamente, di ottenere un'opportunità di guadagno.

I prodotti ideali da commercializzare nel *multi level marketing* devono rispettare delle caratteristiche precise: il Network deve essere considerato come una scienza esatta, non si può lasciare nulla al caso o all'approssimazione. Quindi il prodotto deve essere sicuramente di qualità e semplice da dimostrare, il costo deve essere minore rispetto ai prodotti equivalenti della Gdo, deve essere di largo consumo e non durevole.

Inoltre, più il prodotto da distribuire è simile a quello che potenzialmente i nostri clienti utilizzano, più sarà semplice per noi la vendita.

Le caratteristiche sopra elencate sono condizioni fondamentali, senza le quali non si può sviluppare un Network "sano". Mi spiego meglio: per guadagnare senza avere competenze nel settore e senza avere una rete di persone che sono già associate a noi per esperienze passate, il prodotto che andiamo a distribuire deve rispettare tali caratteristiche.

Durante questi anni, mi sono dedicato alle consulenze per lo sviluppo di reti Network e mi sono spesso imbattuto in incaricati che tentavano in tutti i modi di motivarmi il loro prodotto esclusivo, che mai prima era stato presentato sul mercato da un'azienda di Network.

Oppure, mi sono trovato in conversazioni confidenziali dove mi venivano chiesti consigli su quale fosse il prodotto o la caratteristica attraente per il mercato di riferimento. O ancora, i meno esperti, che tali non si sentivano, fantasticavano sull'idea di trovare il prodotto ideale che nessuno fino a quel momento avesse mai distribuito.

Bene, sorrido in questo istante mentre scrivo. Ho una notizia esclusiva da darvi: più il prodotto è conosciuto e usato dalle persone, meno resistenze dobbiamo superare per fare la nostra vendita, ergo il nostro sistema sarà alla portata di tutti e non soltanto per veditori esperti. Pensate semplicemente questo: cosa sarebbero disposti ad acquistare da voi i vostri familiari più stretti, opponendo meno resistenze?

Pensate magari a una vostra zia: un prodotto che, utilizzandolo magari abbinato a una dieta e a una vita sana implementata dall'attività fisica quotidiana, ci aiuta a dimagrire? Oppure una semplice crema viso che già abitualmente utilizza, magari dopo averla provata in una dimostrazione di soltanto 5 minuti, consegnata a domicilio e con un rapporto qualità-prezzo superiore rispetto a quello della crema utilizzata abitualmente? La risposta è scontata.

Voglio aggiungere un inciso sul rapporto qualità-prezzo. Ci sono alcune aziende che propongono prodotti miracolosi (tutto da verificare ovviamente) a costi assolutamente elevati. Non voglio sindacare sul valore effettivo del prodotto (anche se ho dubbi in merito), ma voglio ragionare su un livello diverso. Ancora una volta dobbiamo pensare cosa il Network marketing si propone come progetto macroscopico: a chi si rivolge il Network marketing? Questa è la domanda che dobbiamo porci.

Questo è il sistema di distribuzione per eccellenza per coinvolgere il maggior numero di persone possibili, all'acquisto o alla distribuzione. Quindi, come posso pensare che un prodotto di nicchia possa essere adatto a questo tipo di sistema?

Il costo del prodotto deve essere in linea con quello che le persone mediamente spendono in quel settore. Soltanto questa condizione può dare la garanzia anche ai meno esperti di poter raggiungere grandi risultati. Ovviamente, il prodotto a pari prezzo deve essere assolutamente superiore a quello offerto dalla grande distribuzione organizzata.

Fino a questo momento ho rivolto la mia attenzione ai meno esperti nel settore, dando dei consigli sulla scelta della società migliore. Per quanto riguarda i guru del Network, per loro quali sono le logiche da rispettare?

Dipende dagli obiettivi dell'incaricato leader, ovvero se l'intento è collaborare con l'azienda che gli consente di avere la crescita e quindi il guadagno più rapido, è meglio rivolgersi a società che utilizzano il sistema binario, avendo a disposizione una rete distributiva che conta, magari, oltre centinaia di persone.

Se, invece, l'obiettivo del leader è quello di garantirsi una rendita stabile, l'unico modo è quello di occuparsi della soddisfazione dell'ultimo incaricato della struttura: soltanto allora potrà considerare la propria rete solida, poiché la rete è formata dalle persone e le persone devono essere soddisfatte nella realizzazione del proprio obiettivo.

Rimanendo sul tema del prodotto, un'altra componente fondamentale nella scelta dell'azienda è la remunerazione, ovvero la percentuale che la stessa restituisce ai suoi incaricati, a fronte dei fatturati realizzati.

Spesso, mi imbatto in conversazioni tra distributori che mettono a confronto i piani carriera di diverse società di Network, soppesando le cifre massime che un piano propone rispetto all'altro. Voglio essere chiaro: ogni azienda paga una percentuale sul fatturato generato dal proprio gruppo e le percentuali poco si discostano le une dalle altre. Il punto fondamentale, però, non è capire quale percentuale sia più alta, ma con quale semplicità possiamo invece raggiungere i massimi livelli di carriera.

Inutile pensare a percentuali astronomiche se propongo prodotti o servizi non interessanti o troppo costosi. Spesso le persone, prese dalla routine quotidiana e dagli impegni sempre maggiori che la vita sociale e professionale oggi impone, non si soffermano a fare valutazioni approfondite.

Questo manuale sarà utile a tutti i Networker che vogliono utilizzare l'esperienza e la competenza altrui nell'ottica di aumentare le proprie performance, scegliendo questa professione per raggiungere la libertà economica.

La remunerazione che gli incaricati devono ricevere dovrà assolutamente essere a vantaggio di coloro che iniziano da zero. Poiché sono l'anello forte e debole di una rete Network, soltanto se i neo-distributori sono soddisfatti grazie all'aumento delle loro entrate mensili rimarranno attivi nel sistema, generando fatturati che alimenteranno tutta la struttura. Posso affermare con certezza che un leader che non condivide questa logica, sarà sicuramente capace nel reclutamento, ma incapace di produrre rendite automatiche nella sua organizzazione.

La struttura, infatti, nel lungo termine, sarà destinata al fallimento, senza la sua costante presenza.

Passiamo adesso all'ultimo punto del capitolo. Ora andrò a sgretolare tutte le vostre credenze fino a oggi acquisite e comunicatevi dai Big, sulla scelta della società.

Infatti, tutti i guru del Network consigliano in modo perentorio di collaborare con aziende che hanno almeno sei-dieci anni di vita, poiché questa è una condizione necessaria per evitare di impegnarvi in un'azienda che, di lì a qualche tempo, potrebbe fallire.

Da una parte sorrido, dall'altra parte mi procura rabbia il modo in cui vengono manipolati gli incaricati. Anch'io sono stato manipolato nei primi anni di attività nel Network marketing ed è per questo che aborro queste metodologie. Ritengo che la verità prima o poi venga sempre a galla e che le persone che hanno utilizzato la loro Leadership in modo poco morale ne pagheranno le conseguenze, con la perdita dei loro migliori incaricati.

Facciamo insieme un ragionamento: non vi risulta che nel mercato globale ci siano aziende che hanno subìto un fallimento nonostante avessero una storia decennale? Assolutamente sì.

Multinazionali che, dopo esser state presenti sul nostro mercato ottenendo innumerevoli successi, hanno deciso, in modo del tutto arbitrario e senza dare nessuna motivazione, di lasciare il mercato italiano così, da un giorno all'altro? Ancora una volta, assolutamente sì.

Facciamo una valutazione in una modalità adulta, matura: non possiamo pretendere di avere delle garanzie, in nessun caso, sia che la società sia storicamente stabile, sia nel caso in cui abbiamo a che fare con una nuova start-up.

La garanzia di ogni Networker sta nella capacità di aver lavorato con la propria struttura in modo etico e morale, occupandosi degli interessi dei propri incaricati, prima ancora che dei propri. Soltanto allora possiamo essere garantiti, poiché ogni persona seguirà il proprio mentore e non la società nell'eventuale dipartita.

Andiamo invece ad analizzare il motivo per il quale viene diffusa l'informazione di preferire un'azienda che abbia una storia decennale rispetto ad una start-up.

Pensate attentamente: chi decide quali informazioni vengono diffuse tra i Networker, divulgando concetti che nel tempo si tramutano in dogmi da seguire? I super leader. Avendo massima autorevolezza, loro hanno la possibilità di comunicare contemporaneamente, attraverso il web, meeting e convegni, a migliaia di incaricati nel mondo. Sono loro che decidono e manipolano le informazioni da divulgare per i propri interessi.

Non vi risulta, facendo due conti, che questi super leader abbiano iniziato con le società, oggi stabili e rispondenti alle caratteristiche tanto proclamate, nel momento in cui le stesse erano start-up?

Proprio così. Tutti, e dico tutti, i Very Big del Network per diventare tali hanno valutato le caratteristiche di un'azienda in fase iniziale e, avendolo fatto, oggi si trovano sul podio.

Oggi sul mercato operano dei professionisti del Network che sono diventati delle vere e proprie star, stabilendo le regole e le informazioni da divulgare. Tutto questo è funzionale per dividersi il mercato ed evitare di far partecipare al banchetto i nuovi distributori emergenti che lavorano con nuove aziende nate sul mercato.

Queste aziende sono viste come una minaccia da sterminare poiché porterebbero via, tante o poche che siano, delle quote di mercato. Per spiegarmi meglio utilizzo un esempio: immaginiamo gli incaricati del Network di tutto il mondo come una torta.

Ora, una cosa è dividere questa torta tra 20 aziende con i relativi Super Leader. Se invece la stessa torta viene divisa per 50 aziende, il fatturato pro-capite di ogni azienda, e di conseguenza di ogni Super Leader, verrebbe diviso per un numero maggiore, che porterebbe inevitabilmente ad una diminuzione dei guadagni.

Ognuno di loro è a capo di una rete e collabora con un'azienda diversa dagli altri. Nessuno vuole perdere posizioni. Scalzare un super leader dalla sua posizione non dico sia impossibile, ma improbabile. Pensate ad una sorta di feudo, come fosse un comitato che, di comune accordo, decide di dividersi il mercato senza pestarsi i piedi.

Ovviamente, se dovessimo chiedere dei chiarimenti proprio a queste persone, le risposte sarebbero scontate: "Il piano carriera è meritocratico ed è uguale per tutti, impegnatevi come ho fatto io, siate pazienti e vedrete che riuscirete a guadagnare come un industriale". Niente di più falso.

Le opportunità nel Network seguono le stesse logiche delle altre aziende, soltanto i primi hanno l'occasione di aggiudicarsi le posizioni migliori. Allora gli altri cosa possono ottenere?

Dare una risposta a questa domanda, generalizzando il concetto, non sarebbe professionale. Soltanto dopo un'attenta analisi, fatta da persone esperte, si possono avere delle risposte. La regola da seguire per orientarci in modo approssimativo è questa: più sono le persone che guadagnano provvigioni di rilievo, più sarà difficile raggiungere il successo.

In questo primo capitolo ho dato delle indicazioni chiare su come scegliere la società con cui collaborare. So che alcuni di voi stanno avendo pensieri del tipo: come faccio adesso a comunicare ai miei amici che il Network da me scelto non era quello giusto? Cosa penseranno di me? Cosa posso dire a tutti gli amici che ho coinvolto fino ad ora? Che dovremmo rivalutare la scelta della società? Se invece perdessi anche quel poco che ho costruito?

Ottimo. Se vi state facendo queste domande siete sulla strada giusta. Anch'io mi sono trovato, in un momento della mia vita, davanti a un bivio come questo. Ancora una volta le mie emozioni stavano prendendo il sopravvento, instillandomi delle paure che bloccavano la mia scelta.

In quel momento, compresi che dovevo prendere in mano la mia vita, dovevo scegliere se continuare a essere insoddisfatto pur di mantenere fedeltà alla mia azienda e al mio sponsor, oppure scegliere la via della felicità. Era arrivato il mio momento.

In quest'ultima pagina, ho introdotto il concetto di paura. La paura è un elemento psicologico bloccante che limita il successo. Andiamo a scoprire, nel prossimo capitolo, quali sono tutti gli elementi che ci allontanano dalla realizzazione dei nostri desideri. Soltanto la conoscenza di tali elementi ci permetterà di superarli.

RIEPILOGO DEL CAPITOLO 1

- **Segreto n. 1:** Il prodotto deve avere un rapporto qualità-prezzo eccezionale e deve essere simile ai prodotti che socialmente si utilizzano ogni giorno.

- **Segreto n. 2:** Il prezzo del prodotto deve essere in linea con il costo che mediamente viene speso per quel tipo di articolo.

- **Segreto n. 3:** Le provvigioni del piano compensi devono agevolare coloro che sono all'inizio.

- **Segreto n. 4:** Il piano carriera deve essere meritocratico e non deve dipendere dalla propria up-line.

- **Segreto n. 5:** La società che scegliamo non deve essere troppo grande e strutturata, meglio una start-up che risponda ai requisiti descritti.

Capitolo 2
I veri motivi del fallimento in questo settore

Se oggi state leggendo questo libro, molto probabilmente, è perché volete guadagnare più soldi, soldi che vi consentiranno di raggiungere il vostro sogno, quel sogno che tanti abbandonano per la paura di non riuscire o perché spinti da altri ad abbandonare.

Quel sogno l'ho visualizzato un milione di volte. Infatti, come già vi ho raccontato, volevo per me una vita diversa rispetto a quella che avevano vissuto i miei genitori. Il raggiungimento del mio obiettivo sarebbe stato coronato dall'acquisto di un'automobile speciale.

Da bambino avevo, sopra una mensola della mia cameretta, una fantastica Porche Carrera rossa, non che il rosso per quel tipo di auto mi facesse impazzire, ma il colore era così vivace da non passare inosservato. Infatti, non passava giorno che lo sguardo non andasse su quel modellino. Sentivo già il motore ruggire e percepivo le sensazioni nel guidarla. Meravigliosa. All'età di 30 anni potei acquistarla, lavorando con dedizione e metodo nel Network marketing: il mio metodo.

Uno dei motivi per il quale le persone falliscono nel progetto di Network è legato alle resistenze, interne ed esterne. Queste sono elementi che ostacolano il nostro successo e ci allontanano dalla realizzazione dei nostri sogni.

Si dà il nome di "resistenze" a tutto ciò che si oppone al raggiungimento di un obiettivo. Ad esempio, le resistenze interne sono quelle legate alla paura di non farcela, quella paura bloccante che non ci fa intraprendere nuovi percorsi, non perché non ci farebbe piacere percorrerli, ma semplicemente perché non vogliamo gestire il dolore dato dall'eventuale fallimento. Un'altra resistenza interna è legata alla paura di essere rifiutati, rifiutati dalle persone care alle quali stiamo proponendo la nostra opportunità.

A tal proposito voglio raccontarvi una storia, quella del playboy: ero giovane, un ragazzo comune come tanti altri, di bella presenza, avevo tutte le carte in regola per conquistare buona parte delle mie coetanee.

All'età di 17 anni circa, ancora non riuscivo a conquistare nessuna ragazza. Immaginate la frustrazione. Tutti i miei amici cominciavano a raccontare le loro avventure amorose e io ero lo spettatore della vita altrui. Avrei tanto voluto anch'io avere una fidanzata, ma proprio non riuscivo, qualcosa in me non andava, non capivo. In alcuni momenti la sofferenza di non riuscire mi portava a isolarmi, preferivo passare le giornate a casa, solo, piuttosto che sentirmi umiliato nel gruppo degli amici che frequentavo.

Umiliato semplicemente dalla mia percezione, infatti, nessuno prestava la minima attenzione al fatto che non avessi una fidanzata. Vivevo il dolore del fallimento sociale, senza che nessuno se ne accorgesse.

Avevo un amico più grande di me che, a differenza mia, collezionava successi e, a ogni festa e in ogni occasione, si presentava con una nuova fidanzata. Un giorno mi feci coraggio e gli confidai il mio disagio, gli chiesi se poteva aiutarmi dandomi qualche consiglio.

Mi abbracciò e con un gran sorriso annuì con la testa. "Ti confesso", mi disse, "che anch'io ho vissuto il tuo stesso imbarazzo, poi ho trovato la mia strategia, un metodo infallibile".

Ero emozionato, stavo per conoscere il segreto del playboy, potevo anch'io aspirare ad avere una fidanzata, anzi, forse potevo cambiare ragazza ogni volta che volevo, non stavo più nella pelle.

Il metodo prevedeva tre regole:
1. La prima era determinante: **"Se non ci provi non ci riesci!"**. Infatti io non avevo una fidanzata non perché avessi qualcosa di sbagliato, ma semplicemente perché non invitavo nessuna ragazza ad uscire. Una banalità che nel turbine delle emozioni non riuscivo a capire.

2. La seconda regola che mi confidò si basava sul calcolo statistico che il professore di matematica gli spiegò con mille formule: **"Provaci con tutte, qualcuna accetterà sicuramente il tuo invito"**. Anche questa mi sembrava una regola geniale: lavorare sui grandi numeri mi avrebbe portato sicuramente a dei risultati tangibili.

3. La terza regola era veramente una rivelazione che avrebbe innalzato il mio ego alle stelle: **"Fai vedere ai tuoi amici soltanto i successi ottenuti"**. Scoppiai in una grossa risata. Udite udite, il mio amico super playboy, non è vero che non sbagliasse un colpo, semplicemente ci presentava ad ogni occasione soltanto le ragazze che accettavano i suoi inviti. Pazzesco. Geniale e pazzesco.

Le resistenze interne, legate alla paura di non farcela, non mi permettevano di propormi, condizione necessaria per avere una ragazza.

Alcuni incaricati nel Network falliscono ancor prima di iniziare. Aver acquistato un kit-inizio-attività non vuol dire aver sfruttato la tecnologia del Network marketing: se non abbiamo il coraggio di proporci, come possiamo pensare che i nostri amici ci seguiranno?

Alcuni, incapaci di gestire il dolore di un eventuale fallimento, preferiscono non provare. Altri invece selezionano le persone alle quali proporre il business, magari scartando quelle che ritengono aver raggiunto uno status socio-economico superiore al loro. Questo fa sentire più tranquilli, in quanto essere rifiutati da una persona che percepiamo superiore crea una certa resistenza, quella del rifiuto.

Anche questa volta l'analogia con le ragazze calza a pennello: gli insicuri ci provano soltanto con quelle che ritengono meno belle, ma come facciamo a sapere se siamo i tipi giusti per una star se non ci proponiamo, oppure se lo facciamo con l'atteggiamento da perdente? Certo, il risultato è scontato.

Le resistenze esterne, invece, sono quelle che ci arrivano da amici e familiari. Quando, entusiasti del percorso che abbiamo intrapreso, andiamo a condividerlo, veniamo giudicati e scoraggiati nell'iniziativa. L'essere umano è animato dallo spirito di sopravvivenza che ha come effetto la conservazione.

Percorrere una strada non convenzionale ci porta a scontraci con i nostri cari, non perché ci vogliono male, anzi, ma perché la loro mentalità, in quel momento, non gli consente di accettare il nuovo e di accorgersi che il mondo è cambiato.

A causa di queste resistenze, sia esterne che interne, alcuni lasciano il Network, rinunciando ai propri sogni. Avere la conoscenza di queste resistenze ci aiuta a superare gli ostacoli per raggiungere i nostri obiettivi.

Leggere questo libro vi aiuterà ad uscire dalla massificazione.

Definiamo "massa" l'insieme di persone che si adattano alla propria condizione e abbandonano i propri sogni. Tutti siamo stati bambini e, durante quel periodo magico, abbiamo costruito le nostre credenze e abbiamo imparato cose che tutte le persone della nostra cerchia familiare conoscono.

In quegli anni, la nostra mente spaziava da un sogno all'altro, non chiedendosi mai se fosse possibile o meno realizzarli. La nostra mente non era condizionata dai limiti delle persone che ci avevano cresciuto, limiti che ognuno di noi ha per una serie di motivi che vedremo nelle prossime pagine.

Durante la nostra crescita abbiamo imparato cose con una difficoltà pazzesca, soltanto perché lo ritenevamo normale. Siamo riusciti a parlare, a camminare, a correre, riuscendo a coordinare i movimenti delle braccia e del corpo con quelli delle gambe.

Incredibile, non credete? Alcuni di voi staranno sorridendo, ma io rincaro la dose. All'età di 18 anni abbiamo imparato a guidare e sapete perché? Perché i nostri genitori, amici, zii avevano una macchina e la guidavano. Quindi il nostro cervello ha ritenuto normale che anche noi avremmo imparato a guidare. Oggi abbiamo dimenticato tutte le difficoltà che abbiamo dovuto superare.

Fate un viaggio nella vostra mente. Ricordate quei momenti?

L'istruttore al nostro fianco, le mani che sudavano, il cuore che batteva all'impazzata: avevamo paura di fallire. E iniziavano le prime istruzioni: "Abbassa il pedale della frizione, inserisci la marcia, ricordati la freccia per uscire dal parcheggio, guarda lo specchietto e quando la via è libera... via. Lascia pian piano il pedale della frizione e accelera gradualmente fino a che la macchina non si sposta. Piano. Non così veloce, altrimenti si spegne il motore".

Nel frattempo eravamo un bagno di sudore. Quell'ora della nostra prima lezione di guida sembrava non terminare mai. Ricordate quei momenti? Adesso tornate nel qui ed ora e pensate a quante cose riuscite a fare e pensare mentre guidate la vostra automobile.

Avete superato le difficoltà semplicemente perché i vostri cari, amici e familiari, vi hanno insegnato, con l'esempio, che un giorno sarebbe stato normale anche per voi guidare la vostra auto. Ovvio. Guidare è normale. Nessuno mette in dubbio la capacità di imparare.

Torniamo adesso al concetto di massa. La maggior parte delle persone, che scopriremo nelle prossime pagine essere l'80%, si adattano alla propria condizione lavorativa professionale, accontentandosi semplicemente perché è questo che viene insegnato.

Soltanto per questo motivo, spesso, non si trova la forza di uscirne. Socialmente, si è diffuso il concetto che lavorare è una fortuna e che lamentarci perché aspiriamo ad avere di più, è poco rispettoso verso coloro che soffrono perché non hanno un lavoro. Rimanere nella massa è normale, come guidare.

Io, invece, vi dico che non viviamo una condizione privilegiata. I nostri antenati hanno ritenuto normale accontentarsi e questo è quello che ci hanno trasmesso. Tale concetto, che ho spiegato in modo elementare, viene descritto in psicologia con il termine di "trigenerazionale".

Quindi, se nel nostro trigenerazionale, ovvero nelle tre generazioni che ci precedono, abbiamo avuto genitori, nonni e bisnonni che si sono accontentati della propria vita, sarà per noi normale accontentarci. Ed è per questo motivo che inconsciamente metteremo in atto tutta una serie di strategie che ci porteranno a rimanere ancorati al passato, ovvero alla massa. Ancora una volta, per spirito di sopravvivenza.

Per vostra tranquillità, voglio anche dirvi che il trigenerazionale ci inficia, ma non ci determina. Altrimenti tutti avremmo il destino segnato. Sappiamo benissimo, e accade molto spesso, che i figli ripercorrono le orme dei genitori, ma questa per nostra fortuna non è la regola.

La storia ci insegna che, indipendentemente dalla provenienza, ognuno di noi può disegnare il futuro che desidera. Io aggiungo che sarà tanto più realizzabile quanto più ci dedicheremo alla formazione.

È proprio grazie alla formazione e a un metodo specifico, che ho portato negli anni tantissime persone al successo. La consapevolezza è stata determinante. Per capire, però, quali sono gli ostacoli che ci portano a rimanere nella massa dobbiamo introdurre il Principio di Pareto.

Vilfredo Pareto è stato uno dei maggiori economisti e sociologi italiani. La sua teoria, che prende il nome dall'omonimo studioso, è un concetto che viene applicato in economia, nella teoria dei giochi, in ingegneria e nelle scienze sociali.

La teoria di Pareto dice che il 20% delle cause determina l'80% degli effetti. Questa teoria spesso viene chiamata, appunto, teoria dell'80/20. Conoscere questo principio per noi è fondamentale. Infatti, possiamo scoprire che l'80% dell'economia mondiale è detenuta dal 20% delle persone, quindi l'80% delle persone (la massa) detiene il 20% dell'economia. È facile comprendere che le persone che vogliono aumentare significativamente il proprio reddito dovranno passare dall'80% al 20%.

Andiamo a vedere ora quali sono gli ostacoli che incontreremo per poter passare dalla massificazione a una condizione privilegiata.

Nella teoria 80/20 possiamo identificare lo "/", ossia lo "slash" come una barriera da superare per fare il salto. Ci accorgeremo della barriera perché vedremo, sentiremo e percepiremo stress.

Quest'ultimo è l'effetto di tre cause che lo producono. Infatti, per uscire dalla massa il processo sarà possibile, ma tutt'altro che facile. Dobbiamo imparare cose nuove e cambiare opinione sulle nostre credenze depotenzianti, ovvero sulle convinzioni che fino ad oggi ci hanno accompagnato durante quel percorso chiamato vita.

Andiamo a conoscere le tre cause che producono lo stress mentre siamo impegnati a conquistare il 20%: la prima delle tre è il sovraccarico sensoriale. Quando si cambia qualcosa si vive un naturale stress da cambiamento e, per vincerlo, bisogna confermare il cambiamento per almeno 60/90 giorni. Dopo questo periodo iniziale, abbiamo creato un'abitudine che ci potrà condurre dall'80% verso il 20%.

Per questo si crede che una persona, superata la prima fase dei 90 giorni, abbia attraversato il momento più duro e verrà considerata un incaricato sul quale poter investire del tempo.

Ovviamente, non possiamo prendere come riferimento la data d'iscrizione, che ha poco a che vedere con l'attività di Network.

Verrà preso invece come riferimento il momento in cui il neo-distributore inizierà a fare delle azioni giornaliere. In questa fase, molto delicata, bisogna essere consapevoli che è facile cadere nel delirio di onnipotenza. Comunemente si pensa di poter introdurre un impegno importante, come quello di avviare un'attività di Network, senza dover rinunciare a nulla.

L'analogia con lo sport calza a pennello: non possiamo pretendere di iniziare, introducendo nella nostra vita quotidiana, un'attività sportiva performante senza dover rinunciare a qualcosa. Il tempo che passeremo in palestra lo dovremo ritagliare rinunciando ad altre attività più o meno importanti.

Questo, nella fase iniziale, ci porterà a gestire uno stress da cambiamento, magari perché eravamo abituati a fare tutte le sere, prima di cena, l'aperitivo con gli amici ed oggi non abbiamo più quel tempo. Tale stress sparirà dopo circa 60/90 giorni che avrete iniziato la vostra nuova attività, con grande soddisfazione, poiché nel pieno rispetto del vostro obiettivo.

Non avere questa conoscenza ci porta a gestire male lo stress, inconsapevoli che lo stesso si protrarrà per un tempo limitato. Ed è proprio quello stress che potrebbe farci abbandonare il progetto.

Un'altra causa dello stress è la delusione. Le persone hanno bisogno delle persone, in quanto siamo animali sociali. Quali sono i contesti in cui viviamo? Famiglia, famiglia acquisita, contesto amicale e contesto sociale.

Riprendiamo ancora una volta un concetto di cui già abbiamo parlato in precedenza, che ci porteremo per tutto il resto del libro. Dato che l'uomo per sua natura è conservatore, nel momento in cui facciamo scelte diverse dal convenzionale, andiamo a deludere le aspettative dei nostri familiari o amici più stretti. Per questo motivo, solitamente torniamo indietro.

Se, per esempio, mia madre mi vede come un impiegato e a me piacerebbe sviluppare un reddito attraverso il Network marketing, i nostri obiettivi sono divergenti. In quel caso andrò a deludere le sue aspettative, delusione che inconsciamente nessuno di noi vuol far vivere ai propri genitori o partner.

Per questo motivo, spesso, torniamo indietro rinunciando ai nostri sogni. Siamo talmente condizionati dai nostri legami che, inconsapevolmente, la nostra mente ci porta a trovare tutta una serie di motivazioni e una serie di alibi per abbandonare i nostri desideri, pur di non deludere le aspettative dei nostri cari.

Nel perpetrare questi comportamenti a tutela delle aspettative altrui, trascuriamo i nostri obiettivi, rischiando di vivere una vita priva di soddisfazioni e piena di rimpianti. Per questo affermo: il nido rischia di diventare una bara!

Il terzo motivo di stress nel passare dall'80% al 20% è legato alla solitudine. Le persone che hanno costruito la storia, hanno passato almeno un momento di solitudine.

La solitudine può essere sia fisica che psicologica. Nel percorso verso i nostri obiettivi, avendo scelto la via meno convenzionale, vivremo sicuramente momenti di solitudine che sperimenteremo sulla nostra pelle e questo avrà un impatto importante sulla nostra mente. Molte volte accade che, pur di non vivere questa condizione psicologica, rinunciamo ai nostri obiettivi.

Meglio stare male in gruppo che eccellere rimanendo soli temporaneamente.

Ho analizzato il motivo per il quale le persone sono così inclini al fallimento nel Network, non riuscendo a superare le difficoltà. Spesso mi trovo a parlare con persone che, dopo aver fatto un investimento importante per avviare un'attività tradizionale, si trovano a scontrarsi con le stesse logiche che portano i Networker alla dipartita.

Nonostante le difficoltà che un'attività classica comporta, legate all'investimento di denaro e all'avviamento stesso, le persone si impegnano oltre 10 ore al giorno. Questa dedizione viene confermata per anni, prima di arrendersi eventualmente, di fronte alle onerose spese da sostenere.

Ritengo che questo atteggiamento differente in relazione all'attività scelta sia normale, per due motivi principali. Il primo è legato al fatto che socialmente ci viene insegnato che per avviare un'attività tradizionale è previsto un esborso importante ed è necessario lavorare nei primi anni, senza ricevere nulla in cambio.

Il secondo motivo è sottile: nessuno vuole perdere i pochi o tanti soldi investiti.

In realtà, nel Network non si perde mai, non esiste investimento iniziale, quindi la nostra attività andrà in attivo fin dal primo mese. Questo grande valore del Network si trasforma nel suo più grande default: alla prima difficoltà la maggior parte degli incaricati non regge la pressione e, non avendo investito denaro, non entrano in quel meccanismo psicologico che li porta a perseverare per tentare il recupero.

Per questo si rinuncia facilmente e si fallisce. In realtà tutti i motivi legati al fallimento di un Networker sono figli di una mancata decisione. Infatti se non decidete veramente di voler ottenere dei risultati, non sarete disposti a superare le difficoltà che il viaggio vi riserva. Non esiste un percorso di crescita esente da ostacoli, esserne consapevoli vi aiuterà.

Decidere vuol dire: non darsi altre alternative e non tornare sui propri passi. Soltanto una decisione coerente e impegnata sarà così energizzante da non farvi cadere nel fallimento.

Queste verità che ho scritto sul Network vi serviranno a poco se non sarete supportati da una guida, ovvero da un mentore che vi indichi la strada ogni volta ce ne sia bisogno.

Questo, soltanto questo. Non avere o non affidarsi a una persona capace, vi condurrà ad abbandonare il vostro progetto di Network, rimanendo delusi nelle vostre ed altrui aspettative.

Ho conosciuto tante persone che, non essendo riuscite a produrre dei risultati soddisfacenti, hanno scelto di abbandonare, sottovalutando quanto questa decisione avrebbe impattato sulla loro vita. L'aspetto psicologico viene spesso trascurato.

I Networker falliti sono preda facile dei "io-lo-sapevo", "mio-fratello-lo-faceva", "te-l'-avevo-detto". Quegli stessi amici o pseudo-amici, non avendo una propria vita interessante, si concentrano su quella altrui, con la speranza inconsapevole di confermare le loro credenze depotenzianti: "Nessuno può farcela partendo da zero e senza raccomandazioni, i soldi vanno ai soldi".

Loro sono lì, in attesa di sorridere nel dirci: "Io lo sapevo che avresti mollato". Noi lo sappiamo, non possiamo far finta di niente, ognuno di noi ha degli "amici" che sono lì, in attesa. Persone che nella vita non si sono mai prese un impegno per tentare di migliorare la propria condizione economica, eppure si permettono di fare la morale. Frustrante, vero?

Nel momento in cui uscite da questa sfida come perdenti, abbandonando l'iniziativa, non avrete armi di difesa. La vostra autostima cadrà in basso e le persone a voi care, le persone che veramente vi vogliono bene, vostra/o moglie/marito, i vostri genitori, i vostri fratelli e/o sorelle, non vi diranno nulla. Loro immagineranno il vostro dolore proveniente dalla delusione, loro non diranno nulla.

Quel silenzio sarà peggio dell'essere deriso dai "tuttologi". Alla fine del tunnel non vedrete più nulla, sentirete in modo inequivocabile il silenzio di chi non vuol infierire, percepirete la compassione dei vostri cari.

Sapete di aver deluso le loro aspettative e avete nella vostra memoria il ricordo indelebile degli occhi delusi dei vostri figli, ogni qual volta avete negato loro il vostro tempo, perché impegnati in qualche corso irrinunciabile di Network marketing che, di lì a poco, avrebbe cambiato la vostra vita. Ed ora il fallimento.

So che nessuno di voi vuole vivere questa esperienza negativa. Infatti, nel prossimo capitolo, andremo ad analizzare quali sono gli elementi comuni che portano le persone al successo. Ho creato un vero e proprio modellamento, frutto di tanti anni d'esperienza, di tutte le persone che hanno raggiunto risultati importanti, partendo da zero.

Scoprirete che gli elementi comuni sono molto semplici, piccole cose che fanno grandi differenze. D'altronde le piccole cose, portate avanti con costanza, sia in senso positivo che negativo, fanno sempre le grandi differenze. Piccole cose che tutti possono fare.

RIEPILOGO DEL CAPITOLO 2

- **Segreto n. 1:** Le resistenze interne ed esterne sono le maggiori responsabili dei fallimenti nel Network.

- **Segreto n. 2:** Per raggiungere i propri sogni è necessario uscire dalla massa, attraverso la costruzione di credenze potenzianti.

- **Segreto n. 3:** La teoria di Pareto ci aiuta a comprendere il concetto di massificazione e ci indica come uscirne.

- **Segreto n. 4:** Per passare dall'80% al 20% è necessario gestire lo stress derivante dalle 3 cause principali: sovraccarico sensoriale, delusione e solitudine.

- **Segreto n. 5:** La Decisione deve essere coerente ed impegnata.

Capitolo 3
I segreti dei più grandi networker del mondo

Questo capitolo ha per me una valenza rilevante. Ho impiegato molto tempo nella ricerca, dedicando anni allo studio per capire quale fosse principalmente il segreto delle persone di successo. Volevo andare oltre quello che si trova in internet, volevo trovare l'elemento mancante, quello che, modellato e riproposto, avrebbe potuto portare al successo chiunque.

Mille e mille volte ho analizzato i comportamenti e le abitudini dei super Networker, ho tentato di capire quale strategia avessero di sicuro successo, volendo aumentare le mie performance e quelle delle persone che avrebbero seguito i miei corsi. La mia missione era trovare il segreto.

Alla fine, ebbi la certezza riprovata che il successo delle persone è determinato per l'80% dalla psicologia e per il restante 20% dalla strategia. Questa verità la lessi molti anni prima in un libro, ma non ne capii pienamente il significato. Soltanto con l'esperienza e il continuo studio realizzai.

Oggi elencherò gli elementi più importanti che portano le persone alla realizzazione dei propri obiettivi. Ovviamente ciò che scrivo è di facile comprensione e, come detto poco fa, mi occuperò principalmente dell'aspetto psicologico, ovvero della *forma mentis*. Non che la strategia non sia importante, anzi, ma è la psicologia che fa il leader.

So che alcuni hanno saltato i capitoli precedenti pensando fossero inutili, lo so perché io per primo ero uno che voleva andare velocemente alle conclusioni, ma la comprensione del successo necessita di tempo e soprattutto di preconoscenze, senza le quali tutto il resto viene sì capito, ma non compreso profondamente nella sua interezza.

È quella stessa comprensione che vi permetterà di fare il salto di qualità. Se anche voi siete come sono stato io, vi consiglio di tornare indietro e leggere le parti saltate. Se è vero che questo manuale ti aiuterà, devi seguirne le indicazioni, in quanto il non rispetto di una delle condizioni potrebbe inficiare il tuo risultato. Cominciamo col dire che quanto scriverò di seguito è frutto del modellamento delle persone di successo.

Si sono analizzati, e successivamente schematizzati, tutti gli elementi comuni delle persone che hanno raggiunto i loro obiettivi partendo da zero. Realizzare il modellamento non porterà tutti al successo, ma soltanto coloro che sceglieranno di impegnarsi nel tempo, seguendo una guida che abbia le competenze per condurli ed indirizzarli durante il percorso di crescita.

La prima cosa che voglio fare è quella di rassicurarvi. Alcuni, infatti, quando affermo che il successo deriva maggiormente dalla *forma mentis*, si scoraggiano pensando che la loro mentalità non li condurrà lontano. Ecco, sono proprio le persone che voglio rassicurare, spiegando loro che la mente non è una struttura innata, ma piuttosto si forma.

A tal proposito, voglio riportare l'esempio calzante dei bambini lupo e dei bambini scimmia: sono dei bambini abbandonati per una serie di circostanze. Loro hanno la mente umana, ma non sono stati sottoposti all'elemento che crea la differenza, ossia la cultura umana. Infatti questi bambini, che inizialmente si pensava fossero non normali, avendo comportamenti (per imitazione) simili a quelli-degli animali del branco che li aveva accolti, si è scoperto essere in realtà bambini normalissimi.

Sono bambini ai quali è mancato l'elemento culturale della famiglia, la quale avrebbe insegnato loro, volontariamente ed involontariamente, come muoversi, mangiare, camminare, parlare, richiamare l'attenzione e così via.

Questo esempio è per dire e rimarcare che la mente non smette mai di formarsi, indipendentemente dall'età. Quindi noi adulti, in modo volontario, applicandoci con passione, studiando e facendo corsi di formazione, possiamo creare la mente necessaria per arrivare al successo. Ovviamente il percorso che si sceglierà sarà determinante.

Voglio aggiungere che i risultati della vostra trasformazione mentale si manifesteranno, con il successo che otterrete nel

Network marketing, in un arco temporale medio di 3-5 anni. Anche questa affermazione spaventa gli illusi, coloro che credono di poter cambiare la loro vita raggiungendo l'indipendenza economica in un tempo brevissimo, magari in 6 mesi.

Non voglio dire che questo non sia possibile, ci sono esempi che lo hanno dimostrato. Ritengo però che sia più onesto calcolare i tempi medi e divulgarli. Serve consapevolezza.

Fatte le dovute precisazioni, passiamo agli elementi che contraddistinguono le persone di successo. Il primo elemento è legato all'obiettivo. Infatti, se noi non identifichiamo cosa vogliamo realizzare con la nostra attività, non saremo mai disposti a fare dei sacrifici, indispensabili in ogni percorso di crescita.

Pensate infatti di essere oggi in un porto con la vostra barca e siete pronti a lasciare gli ormeggi, alla volta di una vacanza da urlo. Magari avete vissuto un milione di volte quell'esperienza nella vostra mente ed oggi coronate il vostro sogno.

L'entusiasmo è alle stelle, sentite il verso dei gabbiani che volteggiano sopra di voi, il profumo del mare pervade i vostri sensi. Nel frattempo, all'orizzonte scorgete un cielo sereno che si incontra con i colori blu del mare e percepite una sensazione di benessere incontrollabile. Arriva il momento, salpate ed uscite dal porto con la vostra meravigliosa barca per dirigervi. Per dirigervi, dove?

Se non stabilite un obiettivo di destinazione non potete calcolare neanche una rotta ed il tempo necessario per raggiungere la vostra meta. Il vostro sogno rischia di trasformarsi in tragedia, una tragedia annunciata.

Nella vita, nella professione, e quindi anche nel Network marketing, è molto importante stabilire gli obiettivi. Date al vostro cervello un perché e lui troverà il come, non a caso state leggendo questo libro.

Si è potuto verificare, a seguito di statistiche effettuate, che il 97% delle persone che da zero hanno raggiunto il successo avevano definito e scritto il loro obiettivo. Quindi la prima cosa da fare è scrivere la propria meta. Questa piccola azione sembra una banalità, ma in realtà il nostro obiettivo affinché sia profittevole, ovvero possa spingerci nella direzione del successo, deve rispettare dei requisiti.

Si è studiato in PNL (Programmazione Neurolinguistica) che un obiettivo, affinché sia sano e raggiungibile, debba rispettare i criteri del V.E.S.P.R.A. Questo è l'acronimo di: Verificabile, Ecologico, Specifico, Positivo, Realizzabile ed Attivo. Andiamo a vedere cosa significa.

Verificabile: ovvero dobbiamo poter verificare se abbiamo raggiunto o se stiamo raggiungendo l'obiettivo; e, per farlo, dobbiamo rispondere a dei criteri interni e a dei criteri esterni. Quelli interni sono le domande che faremo a noi stessi: quando avrò raggiunto il mio obiettivo cosa proverò, come mi vedrò e come mi sentirò?

Quelli esterni riguardano invece le conferme che ci arrivano dagli altri. E sono: quando avrò raggiunto il mio obiettivo cosa mi diranno le altre persone, come mi vedranno e cosa penso potranno provare? Rispondere a queste semplici domande ci metterà nella condizione di capire a che punto siamo rispetto alla realizzazione del nostro goal.

Ecologico: l'obiettivo si definisce ecologico quando è accettabile e desiderabile da tutte le nostre parti interne. Vorrei fare degli esempi per rendere chiaro questo punto. Pensate a quante volte vi siete trovati in alcune situazioni di indecisione nella vostra vita, anche per attività futili o goliardiche.

Ad esempio, potreste aver accettato l'invito da parte di amici per andare a mangiare una pizza, rinunciando magari a stare a casa con la vostra famiglia, per vedere un film della vostra serie preferita. Queste situazioni ci fanno comprendere che in noi esistono delle parti interne che desiderano delle cose, mentre altre parti di noi ne desiderano altre.

Sono felice di essere al mare, ma anche la montagna non l'avrei disdegnata. Sono soddisfatto del mio lavoro, ma se avessi un'attività dove poter gestire diversamente il mio tempo, ne sarei felicissimo. In conclusione, un obiettivo si definisce ecologico, quando è desiderabile ed accettabile da tutte le nostre parti interne.

Questo elemento è di fondamentale importanza. Infatti alcune volte ci troviamo con incaricati che non svolgono continuativamente l'attività di Network, nonostante abbiano definito la loro meta. Molto spesso questo comportamento è imputabile al fatto che il loro obiettivo non rispetta il criterio del V.E.S.P.R.A. nell'essere ecologico.

Specifico: il nostro obiettivo deve essere quanto più dettagliato possibile, rispondendo alle domande: chi, dove, come, quando. Ad esempio, dire: "Voglio guadagnare di più di adesso", non è sufficiente. Si può invece dire: "Voglio guadagnare 5.000 euro al mese entro un anno, con l'attività di Network dell'azienda Pinco Pallo, attraverso lo sviluppo del metodo di Andrea De Sisti". Questo esempio è per indicare come un obiettivo può essere generico oppure dettagliato e specifico.

Positivo: esprimere il nostro obiettivo senza negazioni, ad esempio: "Voglio guadagnare di più", piuttosto che: "Non voglio continuare a guadagnare così poco". Il motivo per cui scegliere una modalità rispetto all'altra risiede nel fatto che il nostro cervello gestisce male le negazioni.

"Non pensare a un asino che vola". La prima cosa che facciamo è immaginare un asino che vola. Quindi se io dico che non voglio fallire nell'attività di Network, il mio cervello comincerà a vivere tutte le emozioni del fallimento. Noi abbiamo bisogno di emozioni positive che ci spingano verso il nostro obiettivo.

Realistico: qualcuno ha mai raggiunto lo stesso risultato o un risultato simile? Occorre rispettare le leggi naturali e le regole sociali. Imparare a volare è impossibile. Perdere 20 Kg in una settimana è piuttosto improbabile.

Attivo: una meta può essere considerata un obiettivo se dipende da me e da nessun altro. Questo criterio manda molto spesso in confusione i Networker. Infatti la realizzazione degli obiettivi passa attraverso i risultati di una squadra.

Il controllo attivo non è sul risultato: quello è un effetto. Noi dobbiamo concentrarci sulle cause, ovvero sulle attività da svolgere con costanza per determinare il raggiungimento dei nostri obiettivi. Sarebbe un grave errore concentrarsi sugli effetti piuttosto che sulle cause.

Avete visto quanto sia semplice formare un obiettivo e, nello stesso tempo, quante informazioni utili ci siano in questa tecnica, modellata sulle persone di successo. Abbiate un atteggiamento responsabile e non superficiale, utilizzate questi consigli e formate un obiettivo che vi spinga a raggiungere i risultati desiderati.

Un altro consiglio che ci arriva dalla PNL per avere un obiettivo ben formato è quello dell'utilizzo dei meta-programmi. I meta-programmi sono filtri che portano l'individuo a selezionare una parte specifica della realtà. Esistono tanti meta-programmi, quelli più utili nella costruzione di un obiettivo sono: "lontano da" e "verso".

"Lontano da" indica da cosa vogliamo allontanarci rispetto ad una situazione che ci procura o potrebbe procurarci dolore. Mentre "verso" indica ciò a cui ci vogliamo avvicinare e che vogliamo ottenere.

Semplicemente attraverso tecniche di visualizzazione, utilizziamo, da una parte, immagini negative per allontanarci da cosa non vogliamo assolutamente vivere e dal quale vogliamo restare lontani e, dall'altra, utilizziamo visualizzazioni positive, ovvero del nostro obiettivo, per essere motivati nella realizzazione.

Con questa tecnica, se utilizzata a dovere, abbiamo una spinta motivazionale senza precedenti, che ci consentirà di superare i momenti più difficili del nostro percorso di crescita.

Un altro elemento psicologico che accomuna tutte le persone di successo è l'attenzione, denominata Focus, ovvero la concentrazione che mettiamo nell'attività che stiamo svolgendo, per tutto il tempo in cui la svolgiamo.

Avere focus, vuol dire attivare una serie di neuro-associazioni nel nostro cervello che ci consentiranno di portare a nostro vantaggio molte delle cose che succedono nella vita di tutti i giorni. Prima però voglio spiegarvi bene cosa significa avere focus.

Vi è mai capitato di voler acquistare una macchina? Nel momento in cui avete deciso il modello specifico, sembra che succeda una magia: la città improvvisamente si è riempita delle stesse automobili che voi avete scelto e magari anche dello stesso colore. Com'è possibile una cosa del genere? Possibile che tutti abbiano acquistato la stessa auto negli stessi giorni in cui voi l'avete scelta? Assolutamente no.

Il vostro cervello ha semplicemente attivato il Focus, mettendovi in risalto, tra tutte le auto che sono in circolazione, solo e soltanto quella che voi avete scelto. E questo succede ogni volta che avete in mente qualcosa. Volete fare rafting? Visualizzerete ed ascolterete tutte le pubblicità che parleranno di rafting, come se stiano spiando i vostri pensieri. Incredibile, vero? È il vostro cervello che ha orientato l'attenzione su una specifica cosa di vostro interesse.

Tornando al Network marketing, avere e mantenere alto il nostro focus ci consente di trovare opportunità in ogni dove, perfezionando strategie e tecniche di comunicazione, indispensabili per ottenere risultati rilevanti. Questo fanno le persone di successo. Essere focalizzati vuol dire cogliere le opportunità.

Adesso che abbiamo introdotto il concetto di focus, dobbiamo capire su cosa si focalizzano le persone che riescono a ottenere i risultati. Spesso la maggior parte degli incaricati si focalizzano sugli effetti e non sulle cause, non producendo alcun risultato. Questo è un grande errore.

Devo guadagnare più soldi, devo aumentare il mio reddito, perché guadagno ancora così poco? Perché non riesco a diventare economicamente indipendente? Perché non riesco a costruire una rete attraverso il multi level marketing? Queste sono le domande errate che spesso si pongono i distributori quando si focalizzano sugli effetti.

I desideri si realizzeranno solo ed esclusivamente se la nostra mente pone attenzione sulle cause che producono i nostri obiettivi, interrogando in modo corretto il nostro cervello che, grazie alle neuro-associazioni, ci darà delle soluzioni.

Come posso ottenere più contatti che mi permetteranno di aumentare i miei colloqui di acquisizione? Come posso aumentare i miei clienti? In che modo posso aumentare le mie performance di chiusura nei colloqui di acquisizione? Come posso motivare i miei incaricati affinché aumentino il loro fatturato? Queste sono domande che tutti dovrebbero porsi per attivare in modo positivo il proprio cervello, così da poter ricevere delle risposte.

Ricapitolando, è assolutamente fondamentale rimanere focalizzati sulle cause che produrranno i nostri obiettivi, utilizzando la domanda: "Come posso...?".

Un altro elemento che contraddistingue le persone di successo è la capacità di restare motivati. Questa sembra una banalità, ma l'atteggiamento mentale è di assoluta importanza nella realizzazione degli obiettivi.

La focalizzazione che abbiamo visto prima, messa in atto senza essere motivati o addirittura essendo demotivati, non ci aiuta a cogliere le opportunità, semplicemente perché i risultati nel Network marketing passano per il coinvolgimento di altre persone. Come posso essere coinvolgente tanto da farmi seguire nel mio Network se ho un atteggiamento negativo?

Se il mio stato d'animo non è sinceramente motivato, nessuno sarà disposto a seguirmi. Quindi per avere risultati positivi, la nostra motivazione dovrà essere ai massimi livelli.

Evidenziando le parole "sinceramente motivato", voglio dare delle spiegazioni sul perché ho marcato il concetto. Nella comunicazione si pensa ingenuamente che il linguaggio verbale sia quello che fornisce tutte le informazioni. Non è così. Alcuni studi hanno dimostrato che la comunicazione avviene soprattutto attraverso i segnali che il nostro corpo fornisce all'interlocutore (comunicazione non verbale) ed attraverso la modulazione della voce (comunicazione para verbale).

Infatti, in percentuale, la comunicazione avviene per il 7% in modo verbale, per il 38% para verbale e per il restante 55% attraverso il non verbale. Esattamente. Il nostro corpo, le nostre espressioni e il modo in cui moduliamo la voce, comunicano molto di più rispetto ai contenuti della nostra conversazione.

Fate un esperimento a tal proposito: provate a dire a un vostro amico di essere entusiasti con un'espressione triste, spalle curve e con un tono di voce spento e demotivato. Cosa pensate di trasmettere?

Per concludere, se parlando con un conoscente che volete iscrivere nel vostro Network, gli dite di essere felice e motivato, ma in realtà, raccontandogli il progetto, i vostri pensieri sono tristi e demotivanti, nella comunicazione, il vostro corpo e il modo in cui andrete a modulare la voce daranno al vostro interlocutore informazioni non coerenti con quanto state dicendo, quindi otterrete risultati insoddisfacenti.

Nella comunicazione passa più ciò che pensiamo, piuttosto che i contenuti verbali.

Per questo motivo, il mentore è determinante. Infatti, è per tutti una guida che aiuta a compensare le oscillazioni della mente. Una guida è efficace se ti incorpora, ossia se ti anticipa, tutto quello che potrebbe accadere. Non perché prevede il futuro, ma semplicemente perché ha competenze ed esperienza, avendo percorso la stessa strada prima di te.

Il lavoro dello sponsor ti metterà nella condizione di passare da uno stato di demotivazione a uno stato di auto-motivazione. Infatti, ti verranno insegnate tutta una serie di tecniche che ti aiuteranno nei momenti difficili. Ovviamente il tuo contributo, attraverso un atteggiamento di umiltà e con una grande dose di volontà, ti aiuterà nel raggiungere lo stato mentale desiderato.

La guida che si sceglie è determinante. Le persone di successo, rispetto alle altre, hanno la capacità di auto-motivarsi anche in momenti particolarmente difficili. Il loro atteggiamento è sempre pronto a gestire le difficoltà e a cogliere le opportunità che si presentano.

Essere consapevoli che per gestire un'attività indipendente è fondamentale il giusto stato mentale, fa la differenza tra raggiungere o meno i nostri obiettivi.

Un altro elemento che contraddistingue i Networker che hanno ottenuto successo, risiede nella loro appartenenza a un gruppo e nella capacità di trasmetterne l'importanza alle persone facenti parte della propria struttura.

Nella mia esperienza trentennale non ho mai visto degli incaricati ottenere risultati lavorando in completa autonomia, senza appartenere a una squadra. La nostra mente spesso ci porta a essere diffidenti. Alcuni hanno resistenze nel portare le persone della propria struttura all'interno di un gruppo formato da distributori competenti.

Questa è la stessa paura che ostacola lo sviluppo del Network. Nella realtà non esistono, per fortuna, controindicazioni in tal senso. Infatti, il nostro sponsor non desidera altro che il nostro successo. Il problema non è reale, ma risiede nelle nostre emozioni, spesso legate alla poca autostima. Partecipare alle riunioni che il leader di riferimento crea non può che portarci dei vantaggi, in quanto nel Network il lavoro di squadra è quello che anima i successi più importanti.

Nel gruppo possiamo trovare persone che hanno, nello spiegare i concetti, una metodologia comunicativa diversa dalla nostra, che può motivare il nostro incaricato più resistente. Possiamo, inoltre, accedere a nuove tecniche di commercializzazione del prodotto oppure, ancora, possiamo imparare il colloquio di presentazione del nostro business con metafore più coinvolgenti di quelle che conosciamo.

Soprattutto possiamo imparare l'arte della comunicazione in una modalità super performante, guardando e ascoltando coloro che hanno risultati migliori dei nostri e che, relazionandosi, ci faranno percepire piacevoli sensazioni.

Pensate a quanto sia più facile applicarsi con l'intento di riuscire in una qualsiasi attività in gruppo, se la squadra vi motiva e vi incita a perseverare ogni qual volta avete dei cedimenti psicologici, ogni qual volta vorreste gettare la spugna.

Ripercorrete nella vostra memoria ogni volta in cui, per esempio, avete provato a cimentarvi nello sport, oppure in escursioni impegnative. Pensate a quanto è stata determinante, in quei momenti, la squadra. Quando eravate allo stremo delle forze in una corsa campestre o in una maratona amatoriale, e il vostro compagno vi ha incitato a non mollare. Proprio grazie a questo, alla fine, avete completato il percorso.

Il gruppo è determinante per mantenere focalizzato l'obiettivo nella vostra mente, mantenendo così alta la motivazione. L'importanza del gruppo può essere spiegata anche da un punto di vista più scientifico.

Tutti abbiamo dei momenti in cui ci sentiamo motivati, entusiasti e positivi, e momenti in cui ci sentiamo invece demotivati, pessimisti e negativi. Queste condizioni sono del tutto normali. Dovete sapere che la mente umana per natura è oscillante, passa quindi momenti up e momenti down. Se provate a mettere in atto il nostro metodo da soli, per quanto sia efficace, questo non funzionerà, perché soltanto grazie al gruppo si può ottenere il massimo del risultato.

Infatti una parte del nostro cervello è costituita dai neuroni specchio, deputati a modellare automaticamente gli altri. Se stiamo vivendo una fase down (è un fenomeno fisiologico) e frequentiamo un gruppo che sta vivendo una fase up, per il fenomeno del modellamento il nostro cervello da solo correggerà e modellerà la fase up.

I neuroni specchio non sono altro che neuroni del nostro cervello che ci consentono di copiare gli altri e lo fanno in modo autonomo. Avete presenti i neonati? Se voi gli fate delle smorfie e ridete, loro cominceranno a ridere, non perché siete divertenti, ma semplicemente perché il loro cervello, attraverso i neuroni specchio, non farà altro che copiare e modellare.

Proprio per questo principio, nel momento in cui state passando un periodo di demotivazione, dovete cercare di frequentare il più possibile il gruppo, cosicché il vostro cervello, da solo, correggerà il vostro stato d'animo, modellando gli altri che sono motivati.

Siamo arrivati all'ultimo degli elementi, uno tra i più importanti che contraddistinguono le persone di successo. Ancora una volta si parla di una condizione mentale: la gratitudine. Spesso ci sono incaricati che non si sentono mai soddisfatti di ciò che hanno, di ciò che stanno realizzando, di ciò che il proprio sponsor/mentore gli insegna per raggiungere risultati. Sono le stesse persone che si lamentano continuamente con il mondo, perché gli amici non sono disponibili, il datore di lavoro è uno sfruttatore, i parenti non sono umani, e chi più ne ha più ne metta.

Le persone che ottengono cose positive dalla propria vita sono quelle grate per tutto ciò che ottengono e per tutto ciò che hanno a disposizione. Sono grate per le piccole cose, anche per quelle che i più ritengono scontate, ma scontate non sono. Gli incaricati che hanno un atteggiamento di gratitudine verso tutto ciò che li circonda, dalle cose materiali a quelle umane, sono persone piacevoli.

Sono coloro che, se ti invitano a valutare un progetto, sei ben felice di ascoltarle, coloro dai quali sei disposto a seguire consigli, perché sono persone entusiaste della vita. Noi tutti vorremmo essere felici, proprio come loro.

Nessuno di noi vuole seguire coloro che parlano male o si lamentano di ogni cosa. La negatività non regala benessere. Essere grati al nostro mentore ci aiuta a sviluppare la nostra attività per molti motivi.

Il primo motivo è che in fase di sponsorizzazione, spiegando quanti risultati ha ottenuto e sta ottenendo, quanto sia disponibile nell'insegnare questa professione e quanto sia etica la sua morale, ci aiuterà a farlo percepire per quello che solitamente è, ovvero un professionista esperto. Questo incrementerà di molto le probabilità che il vostro amico si iscriva con voi, centrando l'obiettivo che vi eravate proposti.

Stimare ed esprimere gratitudine per il vostro mentore vi aiuterà anche ad incrementare i risultati nella vostra attività, risolvendo quelle piccole grandi problematiche che si possono verificare nella gestione delle risorse umane. Ogni qual volta vi trovate davanti a un distributore che mette continuamente in discussione ciò che dite, tentando di far valere delle idee che non hanno alcun fondamento, avrete un'arma a disposizione, ovvero i consigli del vostro mentore.

Questi, infatti, non sono frutto di fantasie, ma sono i suggerimenti ricevuti dal vostro mentore che ha percorso prima di voi la strada verso il successo. Non si può controbattere colui che parla delle proprie esperienze: le idee lasciano il tempo che trovano, nel business contano soltanto i fatti. Essere grati al proprio mentore e seguire i suoi insegnamenti è il primo segno di crescita per sviluppare una grande organizzazione di successo nel Network marketing.

Da chi prendereste lezioni di tennis? Da un amico che ha letto libri ed ha visto tantissime video lezioni specifiche, oppure da un maestro che insegna le tecniche che hanno portato sia lui che alcuni dei suoi allievi al successo? Siate grati al mentore che vi sta dedicando del tempo.

RIEPILOGO DEL CAPITOLO 3

- **Segreto n. 1:** Il 97% delle persone di successo ha scritto il proprio obiettivo.

- **Segreto n. 2:** Mantenere costante il Focus ci aiuta a cogliere le opportunità di business.

- **Segreto n. 3:** Le tecniche di visualizzazione abbinate ad una corretta fisiologia ci permettono di cambiare lo stato d'animo.

- **Segreto n. 4:** Il Gruppo è l'arma vincente dei migliori Networker.

- **Segreto n. 5:** La gratitudine vi porta al successo.

Capitolo 4
Come avere successo nel network marketing

Arrivati a questo punto non mi rimane che spiegarvi come io porto e ho portato tantissime persone al successo attraverso il Network marketing. La prima cosa che voglio precisare riguarda le persone che scelgono di ottenere risultati attraverso i miei insegnamenti. Vi garantisco che il mio metodo funziona e farà ottenere risultati entusiasmanti quanto inaspettati, ma non a tutti.

Le persone non devono avere caratteristiche particolari, né titoli di studi superiori, né tantomeno capacità economiche da utilizzare in costosi corsi di formazione. Il mio sapere lo metto a disposizione soltanto a chi sceglie di seguire il mio metodo. Vi ricordo che il mio obiettivo non è legato al denaro, ma alla soddisfazione sociale.

Il mio metodo funziona per tutti coloro che lo applicano nel dettaglio, per tutti coloro che scelgono di avere una crescita personale, per tutti coloro che si danno il tempo di imparare l'arte della leadership.

La prima regola per essere seguiti da me nel percorso di crescita professionale è: rispettare le regole. Ritengo che la cosa più preziosa che gli esseri umani hanno a disposizione sia il tempo, ma contemporaneamente il delirio più grande risiede nel comportamento utilizzato nella gestione del tempo. La maggior parte delle persone, infatti, approccia alla vita come se fosse illimitata.

Soltanto arrivate a un'età molto adulta, alcune persone si rendono conto di non avere più tempo per realizzare tutti i desideri che negli anni hanno procrastinato. Io non ho voglia di perdere tempo, quindi lo utilizzo soltanto con gli incaricati che si prendono sul serio. Ribadisco, infatti, il concetto di non saltare alle conclusioni (consiglio a tutti coloro i quali hanno saltato delle pagine o dei capitoli del libro di leggere la parte evidenziata a pagina 68).

Un giorno, molti anni fa, lessi una frase di Jim Rohn: "Per avere di più di quello che hai, devi diventare di più di quello che sei. Se non cambi quello che sei avrai sempre quello che hai".

Questa frase non l'ho più dimenticata e la ricordavo specialmente nei miei fallimenti, ogni volta che rimanevo deluso nelle mie aspettative. Ecco la mia traduzione di quella frase:

"Assumiti Le Tue Responsabilità".

Da giovane, ho commesso molto spesso questo errore, cercando di attribuire a altri le colpe del mio insuccesso. Mi davo una serie di motivazioni: non conosco abbastanza persone, le mie amicizie non sono quelle giuste, le mie conoscenze non comprendono quanto propongo, i miei parenti hanno una mentalità chiusa, non ho abbastanza denaro, il mio tempo è limitato, sono sfortunato, ecc. Oggi, soltanto scrivendole, sorrido.

Dopo che quella frase di Jim Rohn capitò davanti i miei occhi, tutto fu più chiaro. Dovevo rivedere il mio modo di essere, per ottenere quanto non avevo ottenuto. Cominciai quindi la mia fase di assunzione di responsabilità e tutto cambiò.

Vi sto esortando a mettervi in discussione. Ogni volta che i risultati non sono quelli aspettati, così come ogni volta che siete soddisfatti, ponetevi sempre la domanda: "Come posso migliorare?". Attraverso la capacità di auto-analisi, che si acquisisce con l'esperienza e con l'aiuto di una guida, potrete diventare persone migliori ottenendo maggiori risultati.

Mettersi in discussione è il primo passo verso la crescita personale e professionale. Non esiste un motivo valido per la mancanza dei risultati, che non siate voi. Dato che siete arrivati fino a questo punto del libro, desidero ribadire che soltanto coloro che hanno il coraggio di mettersi in discussione otterranno il successo. Io, essendo consapevole di questa verità, aiuterò soltanto questa cerchia di persone.

Sono molto diretto ma, come ho detto prima, dò valore al mio e all'altrui tempo. Il tempo non va sprecato, anche perché se pensate che i vostri pensieri siano corretti e sufficienti per condurvi al successo e per portarvi quindi all'indipendenza economica (nonostante non l'abbiate mai raggiunta fino ad oggi), non avete certo bisogno di una guida.

Siete sicuramente in grado di andare avanti da soli. Mettere in discussione se stessi è la base per costruire la mente necessaria a ottenere risultati. La strategia che applico da anni con successo prevede un metodo capace di formarvi, per cogliere le opportunità e ottenere il massimo dei risultati attraverso il Network marketing. Questo è possibile attraverso il lavoro di gruppo con una mentalità che pensa costantemente in maniera collettiva.

Per ribadire l'importanza dell'elemento emotivo in gruppo, vi propongo alcuni studi recenti. Oggi, alcune ricerche hanno dimostrato che le scelte più importanti a livello internazionale vengono fatte su processi decisionali fondati non su dati oggettivi, ma su elementi emozionali.

I premi Nobel lo hanno dimostrato scientificamente. Negli ultimi anni, infatti, tre premi Nobel per l'economia sono stati assegnati a psicologi: Herbert Simon, Daniel Kahneman e Richard Thaler. Pensate a quanto sia particolare. Tre psicologi hanno ottenuto il premio Nobel per l'economia.

Per questo il mio metodo tiene in considerazione quanto stabilito, ovvero l'80% del successo dipende dalla psicologia e il restante 20% dalla strategia, seppur quest'ultima sia assolutamente fondamentale. Nelle ricerche condotte, gli studiosi hanno scoperto che le scelte più importanti al mondo, come stabilire il prezzo degli elementi di prima necessità, per esempio il grano, vengono effettuate in base allo stato emotivo del produttore. Pensate, quindi, quanto le nostre emozioni siano influenti nelle scelte che facciamo.

Se a livello di beni fondanti è così influente il fattore umano ed emotivo, cosa possiamo capire? Che se un incaricato vuole creare il suo successo attraverso il Network marketing, avrà naturalmente oscillazioni, dubbi e perplessità. La mente, infatti, può svincolarsi completamente dai dati oggettivi. Possiamo superare queste difficolta attraverso il gruppo e attraverso il mio metodo.

Metterci in discussione e lavorare sulla nostra mentalità per migliorarci, ci aiuta a trovare soluzioni nelle varie problematiche che possono nascere durante il nostro percorso di successo.

Proprio l'approccio che la maggior parte dei Networker ha verso i problemi, li ostacola a essere dei leader, ergo ad ottenere il successo. Tra le varie frasi di Aristotele si legge: "Se non c'è una soluzione perché ti preoccupi? Se c'è una soluzione perché ti preoccupi?".

Inutile agitarsi e stressarsi se un problema non ha soluzioni. Nello stesso tempo possiamo rimanere sereni se un problema, per quanto grande sia, ci offre delle opportunità. Voglio dirvi che ogni volta vi troviate davanti a una difficoltà, per aumentare la vostra capacità di gestione del problema, dovete porvi la domanda: "Questo problema è sotto il mio controllo? Ovvero, posso gestirlo trovando una soluzione?".

Se la risposta è "Sì", attuate la soluzione che avete previsto, senza restare con i pensieri su quel dato problema. Se la risposta è "No", non pensateci più, dato che non è sotto il vostro controllo. Le soluzioni possono essere a volte risolutive, a volte semplicemente di contenimento per ciò che non è sotto il vostro controllo. Ai leader del gruppo dico sempre: "Se non risolvi il problema, sei parte del problema".

Ogni leader deve attivarsi per la risoluzione e, quando l'ostacolo non si può risolvere, deve accettare la nuova condizione per dirigersi comunque verso il proprio obiettivo. D'altronde, gli imprevisti sono naturali in quel processo che noi tutti chiamiamo vita.

La mente deve essere sempre orientata verso i nostri obiettivi in modo proattivo. Bloccarsi di fronte alle difficoltà rischia di farci tornare indietro. Bisogna invece utilizzare tutte le risorse mentali per risolvere i problemi e non preoccuparci per questi.

Nel capitolo precedente, vi ho parlato dell'importanza dello stato d'animo, ovvero mantenere un atteggiamento positivo e motivato anche quando non stiamo lavorando, e vi ho raccontato quanto sia determinante l'appartenenza a un gruppo per correggere eventuali demotivazioni che possono intervenire durante il percorso.

Bisogna anche dire, però, che nonostante il gruppo ci aiuti a mantenere uno stato positivo e motivato, la maggior parte delle azioni che svolgiamo, le portiamo avanti da soli. Se non siamo quindi in grado di correggere il nostro stato d'animo anche senza il gruppo, difficilmente riusciremo a portare dei risultati alla nostra attività.

Per fortuna esistono delle tecniche molto efficaci, che ho testato su me stesso per poi insegnarle con soddisfazione crescente a tutti i miei collaboratori. Prima di passare alle tecniche devo spiegarvi però alcune cose.

Ero a un corso, quando venni a conoscenza di alcuni aspetti sul funzionamento del cervello umano.

Eccitato e contemporaneamente diffidente, non potevo credere che alcune cose così semplici potessero avere degli effetti così importanti nel qui ed ora, ma soprattutto nel mio futuro. Non appena le utilizzai, sperimentandole sulla mia pelle, la mia diffidenza scomparve, e da allora fino a oggi utilizzo tali tecniche e le insegno con grande soddisfazione. È stato scoperto che i nostri pensieri e la nostra fisiologia sono strettamente legate.

Semplicemente, per spiegarmi meglio: se ci troviamo in un momento di particolare entusiasmo e ci sentiamo felici, il nostro corpo trasmette questa felicità con la fisiologia, ovvero con una postura eretta, spalle aperte, sorriso stampato sulle labbra, occhi scintillanti. Al contrario, se ci sentiamo tristi e demotivati il nostro corpo trasmetterà verso l'esterno questo nostro stato d'animo con una postura curva, spalle chiuse, sguardo spento.

La scoperta entusiasmante che è stata fatta è che il nostro corpo rispecchia lo stato d'animo. Ma è altrettanto vero che anche la nostra fisiologia condiziona lo stato della nostra mente.

Passando alla tecnica, se ci sentiamo particolarmente demotivati e privi di energia, difficilmente riusciremo a svolgere delle azioni per portare produttività al nostro progetto di Network. Quindi, per non perdere tempo aspettando che il nostro stato d'animo migliori, possiamo condizionarlo attraverso la nostra fisiologia.

Se in quei momenti particolarmente difficili, ci mettiamo a fare dei saltelli con una musica ad alto volume, una di quelle che ci provoca emozioni e ricordi positivi (neuro-associazioni), cambiando volontariamente la nostra postura, tenendo le spalle aperte e la schiena eretta, e cominciando a sorridere davanti a uno specchio, vedrete e rimarrete sorpresi di come il vostro stato d'animo si correggerà immediatamente da solo.

Le prime volte che ho applicato questa tecnica mi sentivo buffo e sciocco, ma quando ho compreso profondamente che quelle stesse tecniche erano frutto di studi che avevano aiutato tantissime persone, la mia percezione è cambiata. Ancora oggi, quando non sono in perfetta forma con il mio stato d'animo, e ho necessità invece di essere al massimo delle mie potenzialità, utilizzo questa tecnica con grandi risultati. Provate e resterete sorpresi di quanto sia potente.

Un'altra tecnica che utilizzo, anche contemporaneamente all'altra, è quella della visualizzazione. Il nostro cervello, è stato stabilito, non riconosce ciò che pienamente vive da ciò che pienamente immagina. Vi sto dicendo di impegnarvi nel costruire un obiettivo, così come indicato nel Capitolo 3 con le regole del V.E.S.P.R.A., e di immaginarlo in tutti i dettagli con una modalità multisensoriale, ossia immergendovi con tutti i vostri sensi nell'obiettivo, come se lo aveste realizzato.

Visualizzarlo in modo multisensoriale non vuol dire semplicemente che, ad esempio, il mio obiettivo è avere una barca a vela. Pensate invece all'obiettivo in quest'altra modalità: voglio acquistare una barca a vela, che sia lunga almeno 18 metri, la chiamerò Winner, dovrà avere tutta la strumentazione all'avanguardia.

Mi immagino quando salperò per la prima volta, quali emozioni potrò provare. Mi immagino il vento che sfiora la mia pelle, che trasporta con sé il profumo del mare, un mare di un blu mai visto. Mi immagino aprire le vele appena fuori dal porto e sentire gli stritolii delle drizze che vanno in tensione per la forza del vento, la barca comincia a sbandare, poggia su un fianco, mi concentro sul solo rumore che si ascolta e sul rumore dello scafo che fende l'acqua, immagino vicino a me mia moglie e i miei figli che mi guardano soddisfatti. La sensazione della vittoria pervade i miei pensieri e mi riempie di gioia.

Ecco, quest'ultima è la modalità efficace per attingere alle tecniche di visualizzazione. Pensate inoltre che il nostro cervello, se continuamente stimolato nella visualizzazione del nostro sogno, non riconoscerà più se lo stesso è stato inventato oppure vissuto. Avere questa conoscenza ci dà delle armi incredibili per condizionare il nostro stato d'animo.

Pensate di trovarvi in un momento down, demotivati, e volete cambiare la vostra condizione mentale, cosa dovete fare? Visualizzate il vostro sogno, appena lo farete il vostro cervello, per associazione, vi regalerà tutte quelle sensazioni, profumi, odori e sapori che avete immaginato mille volte nel raggiungimento del vostro obiettivo. A quel punto, il vostro corpo comincerà a reagire e passerà da un aspetto curvo e demotivato a uno intermedio.

Ora dovrete fare ancora un piccolo sforzo e correggere voi la postura, ponendovi completamente dritti, con le spalle aperte e lo sguardo dritto davanti a voi, in modo fiero (in fondo avete raggiunto il vostro sogno e lo state vivendo). Adesso non vi rimane che sorridere, sorridere, sorridere. Avete già condizionato il vostro stato d'animo.

Ora la ciliegina sulla torta, musica a tutto volume…eh su, saltare, attivare le endorfine per la massima prestazione emotiva, il gioco è fatto. Non sapete quanta energia si sviluppa in questi esercizi, soltanto scrivendolo mi sento pervaso da una gioia incontrollabile. Sono felice di insegnarvi queste strategie di successo.

Ho un altro consiglio da darvi riguardo alla gestione dello stato d'animo, forse è uno dei più importanti. Le tecniche che vi ho insegnato, infatti, servono a uscire da uno stato di demotivazione, ovvero a correggere uno stato d'animo non pienamente in linea con i vostri obiettivi, mentre ciò che vi dirò ora vi aiuterà a rimanere in uno stato motivato.

Una delle cose più importanti per assumere un atteggiamento positivo come *modus vivendi* è quello di frequentare persone positive e attive che amano progettare il futuro ponendosi degli obiettivi in ogni ambito, sportivo, professionale, artistico. Quale sia l'ambito è poco rilevante, l'importante è che siano persone che non si lamentano di tutto e tutti e, soprattutto, che non vi scoraggiano nelle iniziative prese.

Esistono persone che passano il tempo a lamentarsi di tutto quello che non funziona nella loro vita, nei loro parenti, nel loro lavoro, ma non si impegnano nel cambiare la loro situazione. O meglio, a volte ci provano, tentando di fare azioni, rimanendo però con lo stesso atteggiamento e con lo stesso stato d'animo. Questo non funziona.

Ancora, ci sono individui che amano lamentarsi del sistema, della politica nazionale ed internazionale, della sanità e di tutte quelle istituzioni radicate. Anche questi sono luoghi comuni di coloro che amano deresponsabilizzarsi per i loro insuccessi.

Restate distanti il più possibile da queste persone, altrimenti la fatica che dovrete sopportare per il cammino verso i vostri obiettivi sarà elevatissima. Vi ho parlato dei neuroni specchio, ricordate?

Avere una giusta mentalità è di sicuro la qualità che si deve acquisire per ottenere risultati importanti in ogni campo. Ma, avere un metodo ed una strategia che ci aiutano nel percorso scelto è altrettanto fondamentale, anche se, come abbiamo detto, questi elementi sono in percentuale meno importanti. Se vogliamo utilizzare una metafora sul percorso professionale scelto e sul metodo, potremmo dire che è come voler fare un viaggio partendo da Roma fino Milano. Se con la mentalità vincente e con tanta formazione alle spalle acquisita negli anni, tenendo presente che Roma rappresenta il nostro punto di partenza e Milano il nostro obiettivo, scegliessimo come mezzo di locomozione una barca a vela, non dico che questo sarebbe impossibile, ma alquanto improbabile.

Il percorso che scegliamo e il mezzo che utilizzeremo, non sono altro che il metodo e la strategia. Il metodo che utilizzo con successo da moltissimi anni si basa sull'insegnamento. Ritengo che le persone diano il loro massimo nel momento in cui hanno una visione globale. Per raggiungere questo obiettivo ho stilato un protocollo che mette i distributori, fin dai primissimi giorni, nella condizione di sapere perfettamente cosa e come fare, per dare inizio alla loro attività.

In ogni fase, infatti, è previsto, attraverso dei modelli, l'insegnamento su come promuovere un prodotto, come presentare l'attività ad un potenziale incaricato, come e cosa fare con il neo-iscritto nei suoi primi giorni di attività, per cogliere il massimo dell'entusiasmo senza deludere le sue aspettative.

Gli incaricati sono entusiasti di questa metodologia che li rende completamente indipendenti. Imparano attraverso un percorso super collaudato da anni: è tutto ciò che gli occorre per portare avanti un'attività di Network con successo. La consapevolezza di avere gli strumenti per affrontare ogni parte del percorso rende le persone sicure, serene e felici. Questa condizione, come ho detto prima, è una delle armi vincenti per il coinvolgimento di altri incaricati.

Per accedere ai livelli avanzati si potrà partecipare a una serie di corsi, on line ed off line, che avranno come obiettivo l'insegnamento della leadership e delle tecniche semplificate di public speaking. Soltanto insegnando e delegando le nostre competenze saremo veramente liberi.

Un'altra parte fondamentale del mio metodo è quella di dedicarmi personalmente a coloro che hanno completato il percorso base con successo, ovvero coloro che hanno imparato a coinvolgere altri incaricati nella loro struttura e sono abili nel promuovere i prodotti.

Con queste persone fisso delle consulenze settimanali, ancora una volta gratuite, per aiutarle a scalare la carriera attraverso la conoscenza delle logiche del Network marketing, senza le quali è impossibile raggiungere l'indipendenza economica. Comprendete ora quanto sia importante avere una guida per scalare la vetta?

Una guida che vi aiuti nelle vostre azioni giornaliere, con l'obiettivo di condurvi alla leadership di un folto gruppo di Networker. Se volete arrivare al successo, la gestione delle risorse umane deve essere il vostro pane quotidiano.

Nel prossimo capitolo vi spiegherò come ho integrato un sistema super collaudato da anni nel mondo off line con quello on line. Sarebbe un grande errore non prendere in considerazione, in un momento come questo, l'opportunità web. D'altronde il Network marketing è fatto di persone e queste sono presenti in quantità enormi sui social.

RIEPILOGO DEL CAPITOLO 4

- **Segreto n. 1:** Per superare i momenti di difficoltà mettiti in discussione.

- **Segreto n. 2:** Imposta un mindset capace di aiutarti nel problem solving.

- **Segreto n. 3:** Gestisci il tuo stato d'animo e la tua fisiologia.

- **Segreto n. 4:** Investi su te stesso attraverso la formazione continua.

- **Segreto n. 5:** Scegli il tuo mentore e cresci attraverso le sue consulenze one-to-one.

Capitolo 5
Come usare il web per avere successo

"Adoro il Network marketing per l'opportunità che mi offre ogni giorno della mia vita". Quando pronuncio questa frase a chi non mi conosce benissimo, pensa subito al denaro, ovvero ai vantaggi che ottengo in termini economici grazie al multi level. Niente di più sbagliato.

Adoro il Network semplicemente perché mi mette in contatto con tantissime persone che hanno il desiderio di migliorarsi, di migliorare la propria condizione economica, nonché la qualità della propria vita. Mi piacciono le relazioni che si creano e le amicizie che nascono. Si viene a contatto con persone completamente diverse e comunque con un progetto in comune.

La gratificazione nelle relazioni che nascono risiede nella possibilità di rendermi utile, offrendo la mia esperienza e conoscenza, a tutti coloro che scelgono di seguire il mio metodo, indispensabile per ottenere successo in questa attività. Adoro frequentare persone con i miei stessi interessi, amo i rapporti sociali, credo sia la ricchezza più grande che il genere umano possieda.

Nel coltivare rapporti e relazioni, nonché nel gestire dei gruppi, ho compreso quanto le persone si trovino in difficoltà nell'acquisire quella sicurezza necessaria che gli consenta di lanciarsi in questo business, proponendolo con entusiasmo ai propri conoscenti, amici, colleghi e perché no, anche a sconosciuti. Un'altra problematica relativa a coloro che intraprendono il Network marketing per ottenere successi è la carenza di nominativi ai quali presentare la propria attività.

Purtroppo queste erano le motivazioni che scoraggiavano nella fase iniziale gli incaricati portandoli alla rinuncia, prima ancora di comprendere quale mondo meraviglioso stessero abbandonando.

Fino a qualche anno fa non c'erano soluzioni, se non quella di motivare i neo distributori, fino a fargli ottenere dei piccoli risultati che gli avrebbero portato riferimenti nuovi e positivi sul progetto di Network intrapreso, continuando così fino ad ottenere, pian piano, risultati che dessero nuove certezze.

Ovviamente, in quel periodo storico, si perdevano molti incaricati, i quali non riuscivano a superare le difficoltà iniziali. Oggi è possibile risolvere questa situazione grazie al web. Conosco e vedo molti distributori postare e mettere storie su Facebook, Instagram, Tik Tok ed altro, semplicemente perché gli viene consigliato. Addirittura, esistono strutture di Network che inviano ai propri distributori post e Fac-simile da pubblicare, pensando di dare soluzioni a chi non ha capacità personali.

Nel Web ormai si è diffusa l'idea secondo la quale se continui a mettere in piazza (sui social) la tua vita con un almeno un post al giorno, alla fine ci sarà qualcuno che ti chiederà: "Che lavoro svolgi?" e, a quel punto, il gioco è fatto.

Svegliatevi.

In realtà, state elemosinando nominativi che non arriveranno, a fronte di un lavoro pazzesco che portate avanti con entusiasmo.

Ogni cosa va fatta con professionalità, studiando e imparando da chi ha ottenuto e ottiene risultati reali. Ci sono molte persone che si sono affidate al mio metodo dopo aver passato anni a postare le proprie storie, realizzando anche incredibili gruppi Facebook con migliaia di partecipanti, ma senza risultati soddisfacenti nell'ambito del Network marketing.

Ho visto anche io le difficoltà legate alla fattibilità e all'operatività giornaliera inserita nell'attività di tutti. È per questo, data la mia esperienza trentennale avuta nel Network Marketing, che mi sono messo a studiare per superare l'ostacolo. Grazie anche alla collaborazione di esperti di riferimento nel web marketing, ho trovato un sistema innovativo e rivoluzionario per poter creare successo, a prescindere dalla propria capacità e dalle proprie competenze.

Quindi se vi state affacciando in questo momento al mondo del Network marketing, è naturale il dubbio assillante che avete prima di compiere il grande passo: "Riuscirò anch'io ad ottenere i risultati di cui mi parla il mio sponsor? Sarò in grado di convincere nuove persone a seguirmi senza che queste abbiano competenze specifiche e senza che le stesse abbiano liste di contatti infinite per una attività florida?".

È naturale avere questi dubbi. Il problema che ha la maggior parte delle persone che decide di iniziare l'attività nel Network marketing, è che non è assolutamente preparata a quello che dovrà fare.

Inoltre, le persone sono legate al trigenerazionale e quindi alcune parti interne gli impediscono di fare cose diverse per ottenere risultati diversi. Ho quindi studiato il metodo, rispettando queste preconoscenze. In questo modo, gli incaricati possono semplicemente iniziare questa attività così remunerativa senza avere competenze e senza avere una lista di contatti specifici. Com'è possibile?

Questo è possibile, perché attraverso la rete internet e, precisamente, Facebook (in questo momento storico), si ha la possibilità di avere una lista infinita di contatti, grazie alla quale poter scovare persone che vogliono realizzare il proprio successo. In che modo?

Nel dettaglio, riguardo all'iniziativa on line, provate ad immaginare se le persone vi contattassero chiedendoti di creare la loro storia di successo, non sarebbe fantastico?

Voi siete magari in macchina e "Drin", arriva una notifica: "Luca si è iscritto alla tua lista e vuole conoscere le economie floride fondate sul Network". Quanto ottimizzereste il vostro tempo? Quanti "rigori" sbagliereste? Sembra magia? Non lo è.

Le persone si iscriveranno alla vostra lista per partecipare alla presentazione dell'opportunità, per coglierne i vantaggi esclusivi. Pensate che bello! Non dovrete più contattare nessuno, non dovrete più spiegargli niente, perché tutto verrà fatto in modo automatico attraverso la rete internet e la spiegazione del business verrà fatta nelle presentazioni on line. Le uniche cose che dovrete fare sono due:

1) Seguire dei corsi settimanali formativi per poter ricevere e dare assistenza alle persone che entreranno nel vostro team. Insieme a loro costruirete, attraverso il metodo, una rete di successo, la vostra rete, per guadagnare nel futuro;

2) Consumare e condividere pochi prodotti mensili.

Perché Facebook? Perché nell'esame di realtà è il miglior social tramite il quale creare dei contatti per il business. La gente comune, quando pensa alla parola Social Network, la associa a tutto un gruppo di persone simili agli zombi, perfettamente ipnotizzati davanti ad uno schermo di stupidaggini, non sapendo invece che, non davanti, bensì dietro quello schermo, ci sono dei business milionari. Facebook crea delle opportunità pazzesche, è il nuovo strumento per creare pubblicità efficace. Praticamente sta sostituendo la TV. Come mai?

Facebook conta 2 miliardi di utenti attivi al mese, in crescita del 15% ogni anno. Sul nostro pianeta siamo 7 miliardi. Perché scegliere Facebook e non Google? Perché le Google adwords (pubblicità) aiutano le aziende a trovare i clienti interessati al loro prodotto. Facebook adwords (pubblicità) trova, invece, l'azienda che a voi interessa, indipendentemente dal fatto che voi ne siate consapevoli, indipendentemente dal fatto che voi la stiate cercando.

Questo perché Facebook traccia la nostra personalità con degli algoritmi complicatissimi, in funzione di tutto quello che postiamo, commentiamo e condividiamo. Traccia perfettamente le nostre preferenze, sapendo in ogni momento cosa ci potrebbe interessare, cosa ci piacerebbe realizzare e a cosa non possiamo rinunciare, proponendoci esattamente quel prodotto/servizio.

In questo modo si offre agli inserzionisti un'opportunità unica di personalizzare la messaggistica pubblicitaria per indirizzare il pubblico in modi precedentemente considerati impossibili o addirittura inimmaginabili.

Quindi, attraverso un Funnel di marketing potremmo costruire un sistema automatico che permette di compiere queste azioni:

- Catturare l'attenzione delle persone;
- Presentare il nostro prodotto/servizio/rete;
- Educare le persone al nostro modo di comunicare ed alle nostre regole;
- Interagire con i nostri contenuti;
- Dare la possibilità alle persone di scegliere il nostro Network.

Ora vi chiedo, rispetto a questa persona che ha mostrato interesse: ha capito cosa fate, cosa distribuite e come lo distribuite, ha ascoltato ogni cosa che gli avete detto, ha imparato a conoscervi e alla fine si è fatta avanti. Che percentuale avete di sbagliare?

Immaginate un Funnel come una macchina, nel cui interno c'è tutta una serie di ingranaggi (le vostre comunicazioni) che altro non fa che prendere in input delle persone e darvi in output dei "quasi clienti/distributori", scartando tutti quelli che sono indecisi, che non vogliono, insomma tutti i perditempo.

Immaginate un meccanismo instancabile che lavora in modo automatico anche senza la vostra presenza, mentre voi siete al vostro primo lavoro, in palestra, al parco con i vostri figli, oppure semplicemente vi state rilassando dedicando del tempo alla lettura di un buon libro. Il sistema che avete realizzato continua a lavorare, producendo dei contatti caldi e interessati al vostro business.

Questo è un sistema efficace per produrre dei risultati.

Un sistema che prevede, in ogni caso, competenze comunicative, tecniche, conoscenza profonda del Network marketing e investimenti di denaro.

Mettere insieme una struttura di web marketing così descritta non è proprio semplicissimo per tutti, e me ne rendo perfettamente conto. Per semplificare al massimo: è compito del leader, consapevole dei limiti che questa strategia porta con sé, creare un "sistema chiavi in mano" per i propri distributori, così da fargli ottenere il massimo dei vantaggi nel Network marketing.

Proprio per questo motivo, ogni incaricato facente parte del gruppo che seguo potrà utilizzare il sistema messo a punto da me e trarne vantaggi esclusivi. Approcciare al Network utilizzando il web, senza avere competenze specifiche e professionali, porterebbe soltanto a rimanere delusi nelle aspettative.

Infatti, vi sconsiglio vivamente un approccio approssimativo. Piuttosto continuate con i sempre validi metodi off line, avrete risultati in tempistiche più lunghe, ma almeno costruirete concretamente la vostra attività, mattone dopo mattone.

Il web non è altro che il turbo della vostra attività, ma come ogni tecnologia bisogna saperla utilizzare in modo professionale. Ancora oggi ci sono persone che vedono i social come un mezzo per perdere tempo, alcuni si rifiutano di utilizzarli, altri li demonizzano. Se volete continuare a vivere in questo mondo e fare business, dovete assolutamente adeguarvi al cambiamento, altrimenti rischierete di estinguervi.

Ci sono ragazzini che, facendo video su Youtube, guadagnano molto di più della maggior parte dei dirigenti d'azienda. Alcuni si permettono di giudicarli, coloro magari che a stento arrivano a fine mese, curioso, vero?

Umiltà, nella vita serve umiltà, per imparare dai migliori. Il mondo è cambiato.

Il Network marketing non è esente da tutte le logiche che stanno intervenendo nel mondo economico. Chi non si adegua sparirà per sempre da questo mondo, non è importante quanto sia grande la sua rete. Se non vi adeguate siete destinati a morire. Morte certa a causa della presunzione.

Darwin diceva: "Non è la specie più forte né la più intelligente a sopravvivere, ma quella che si adatta meglio al cambiamento". Oggi svolgere un'attività di Network marketing, senza l'ausilio di un sistema professionale che sfrutti le più recenti tecnologie per accrescere la propria struttura, è follia pura. Siatene consapevoli.

Mettere a disposizione un sistema come quello descritto, aiuta parzialmente i distributori a raggiungere il successo. Infatti, abbiamo risolto, attraverso il Funnel di marketing, il problema legato alla lista nomi ed alla capacità di presentazione dell'opportunità, sia per noi, sia per tutti gli incaricati facenti parte della nostra struttura. Utilizzare questo sistema e non allineare tutto il resto al mondo web sarebbe come avere una Mercedes nel box e raggiungere il lontano posto di lavoro a piedi.

Infatti, il metodo che porta le persone al successo, come abbiamo visto nei capitoli precedenti, è legato alla costruzione della mentalità: soltanto coloro che investono le proprie energie nella formazione per divenire dei leader, raggiungeranno i loro ambiziosi obiettivi.

Acquisire distributori sul territorio nazionale attraverso internet e non saperli gestire con l'ausilio di piattaforme tecnologiche, non ha senso. Conosco dei Networker professionisti che hanno implementato la loro struttura attraverso Facebook, ma non hanno realizzato un modello semplice e duplicabile per formare i loro distributori attraverso il web. Questa mancanza li ha portati, nel breve termine, a perdere tutti i distributori acquisiti con l'ausilio di internet, lontani dalla loro ubicazione.

Internet va utilizzato a tutto tondo, non perché io demonizzi il mondo off line, anzi, ritengo che i vantaggi nel costruire relazioni di presenza siano infiniti. Dobbiamo, però, essere consapevoli che l'opportunità del mondo Web è troppo grande per potervi rinunciare.

Vediamo quali sono i vantaggi legati a un buon metodo strutturato principalmente nel mondo on line e, soltanto nella parte complementare, attraverso l'off line:

1) Possiamo azzerare le distanze: infatti che io abbia distributori disseminati su tutto il territorio nazionale (isole comprese), al web

non interessa nulla. Possiamo vederli come e quando vogliamo per occuparci della loro formazione;

2) Azzeriamo i costi per spostamenti logistici, che spesso vengono sottovalutati, ma incidono in modo considerevole nel nostro portafoglio;

3) I tempi che abbiamo a disposizione per svolgere la nostra attività sono ottimizzati all'ennesima potenza. Ad esempio, possiamo fare un colloquio di acquisizione in Sicilia e subito dopo un incontro formativo con un gruppo di Milano, e tutto comodamente da casa. Vantaggi che non hanno prezzo e non sono vincolanti qualora volessimo realizzare incontri di presenza con i nostri incaricati, sia di gruppo con grandi eventi, sia per appuntamenti personali.

Bisogna tenere in considerazione che la modalità off line è del tutto facoltativa e non è indispensabile, quando il sistema è ben strutturato, senza lasciare nulla al caso. Ogni distributore realmente può, oggi, svolgere la propria attività nei tempi e nei luoghi che preferisce. Non apprezzarne il valore sarebbe sciocco.

Non ieri, bensì oggi, possiamo finalmente aumentare il nostro reddito, senza avere conoscenze e competenze, direttamente da casa nostra, semplicemente con uno smartphone.

Qualcuno starà dicendo: "Allora l'unica variabile a fare la differenza tra coloro che raggiungono gli obiettivi prefissati e coloro che non li raggiungono è semplicemente legata alla forma mentis? Basta vincere quelle resistenze interne ed esterne di cui si è parlato nei capitoli precedenti e il gioco è fatto?".

Esattamente. La strategia esiste, bisogna soltanto volerla utilizzare.

RIEPILOGO DEL CAPITOLO 5

- **Segreto n. 1:** Utilizzare il web senza impegnarti a fondo è inefficace e profondamente controproducente.

- **Segreto n. 2:** Trascurare il mondo digitale ci porta ad estinguerci come imprenditori.

- **Segreto n. 3:** Utilizzare le strategie web senza avere un metodo duplicabile nella rete non porta a nessun risultato nel lungo periodo.

- **Segreto n. 4:** Fai uso del Marketing Funnel, in questo momento il miglior sistema di acquisizione contatti.

- **Segreto n. 5:** Valorizza l'insegnamento del metodo in modalità digitale per formare la mentalità dei tuoi incaricati.

Conclusione

Tutte le indicazioni date in questo libro sono frutto di una lunga esperienza nel settore del multi level marketing, ovvero l'estratto di ciò che ho appreso come formula vincente in questo settore. Devo dirvi che, durante i miei trent'anni di carriera, più volte ho avuto accesso a queste informazioni, lette nei vari libri di crescita personale e modellamento delle persone di successo.

In seguito, continuando il mio percorso formativo, ho ritrovato gli stessi concetti nei libri e nei corsi più specifici di PNL e analisi transazionale. Ma, soltanto avendo vicino una guida, un mentore sono riuscito a mettere in pratica ciò che avevo compreso.

L'ultimo contributo che voglio lasciarvi, affinché possiate trarre il massimo del vantaggio da questo testo, è un riepilogo degli argomenti trattati, come memoria da portare sempre con voi, la sintesi della sintesi scritta in una modalità semplice che possa riportarvi facilmente ai contenuti scritti nei capitoli.

L'essenza per raggiungere il successo in quest'attività è in 5 passi fondamentali:

1° passo (capitolo 1): Scegliere l'azienda che commercializza un prodotto che sia competitivo nei costi rispetto alla grande distribuzione organizzata e che abbia uno standard di qualità decisamente più alto. Questo è stato il principio fondamentale che ha permesso al Network marketing di diffondersi, ovvero tagliando i costi della catena di distribuzione tradizionale a vantaggio della qualità. Il prodotto d'eccellenza non basta.

Il prezzo deve essere, secondo la percezione sociale, in linea con quanto conosciuto dal maggior numero di persone per quel tipo di prodotto. Questo "primo passo" è fondamentale nel garantire una crescita costante della nostra attività, coerente con la crescita societaria. Fare delle fiammate di fatturato per poi crollare non porta vantaggi nel lungo termine, anzi, ci porterebbe ad aumentare le nostre insicurezze sulla validità del business che abbiamo sposato.

2° passo (capitolo 2): Il presupposto principe per raggiungere il successo individuale risiede nella decisione. Nessuna persona, in qualunque ambito si sia cimentata, ha mai raggiunto livelli rilevanti se prima non ha preso una decisione congrua ed impegnata, poiché ogni nuovo percorso porta con sé delle sfide giornaliere da superare e soltanto coloro che consapevolmente decidono, riusciranno nel proprio intento.

La decisione, da sola, non basta, se non si crede di poter arrivare all'obiettivo. Il credo nel percorso scelto deve essere deciso, coerente e costante nel tempo, altrimenti ogni nostro tentativo risulterebbe vano. Queste due condizioni sono necessarie per settare la nostra mente, presupposto indispensabile per fare il passaggio dal fatidico 80% al tanto aspirato 20%.

Costanza e determinazione, frutto di una decisione presa e rafforzata da un credo incrollabile verso il business intrapreso, a prescindere dal risultato nel breve termine, sono quanto di più potente per trasformare i nostri desideri in obiettivi da raggiungere.

3° passo (capitolo3): Per ottenere successo dobbiamo modellare coloro che hanno successo. Sono stati scritti tanti libri in merito, il mio intento è quello di comunicarvi gli aspetti fondamentali in una modalità semplice quanto sintetica, in pochissime righe.

La costruzione di un obiettivo e il relativo focus sono determinanti per tracciare la direzione da seguire, per raggiungere i nostri sogni. Consapevoli che nel percorso interverranno, in modo prepotente, delle sfide legate principalmente alla nostra parte emotiva, che metteranno a dura prova il nostro stato motivazionale.

Forti di queste conoscenze, dobbiamo essere consapevoli che i più grandi Networker al mondo hanno utilizzato tecniche di auto-motivazione, derivanti principalmente dalla PNL, per superare queste difficoltà impedenti il successo. Utilizzare (senza dubitare) tali tecniche ci permette di sperimentare ciò che i più grandi Networker al mondo hanno sperimentato, ovvero la felicità della consapevolezza legata ai risultati che si raggiungono giorno dopo giorno.

4° passo (capitolo 4): Ancora una volta la decisione che prenderete condizionerà il vostro destino. Questa volta, la scelta ricadrà su colui che sceglierete come guida. La mia attività professionale, la mia attitudine al business e la mia capacità nel superare gli ostacoli l'ho potuta acquisire non sui libri, né tantomeno nei corsi, seppur indispensabili. La vera competenza mi è stata trasmessa dal mio mentore che, costantemente, nella vita di tutti i giorni mi ha aiutato ad applicare tutte le conoscenze apprese nei vari percorsi formativi.

È talmente importante il Mentore che non dobbiamo fermarci davanti al primo ostacolo. Se la dinamica di insegnamento del tuo sponsor non è adatta a te, sali in up-line: l'obiettivo è trovare una persona che abbia una dinamica di insegnamento in armonia con la tua mente. Qual è, dunque, la differenza tra mentore e sponsor?

Lo sponsor è la persona più importante della tua attività e devi essergli eternamente grato. È colui che vi ha introdotto al business e, spesso, è come un genitore: non si sceglie, ma si ama. Il mentore è, invece, colui che vi aiuta a crescere ogni giorno, mostrandoti un punto di vista diverso rispetto alla tua visione delle cose. Il mentore, a differenza dello sponsor, va assolutamente scelto.

È sufficiente avere un mentore ed uno sponsor? Per diventare una superstar in questo lavoro bisogna avere necessariamente la voglia e la predisposizione ad imparare cose nuove. D'altronde, noi siamo dei professionisti e tutti i professionisti, soprattutto quelli di alto livello, si aggiornano continuamente sulle nuove metodologie e leggi.

Non a caso, parte dei ricavi di questi professionisti vengono investiti per la propria formazione. Per questo è importante scegliere un Network che abbia alle spalle una valida scuola di formazione.

5° passo (capitolo 5): Nell'80% del libro parlo di psicologia, ovvero della mentalità vincente. Per mentalità vincente si intende la capacità di cogliere le opportunità che il mercato offre, con l'attitudine a superare gli ostacoli. Nel restante 20% del libro parlo della strategia.

Vorrei, in questa fase conclusiva, mettere l'accento proprio sulla strategia, poiché determinante. Questa, per riassumerlo in poche righe, è il mezzo che si utilizza per applicare il Metodo.

Se il nostro obiettivo è quello di insegnare delle competenze alle persone facenti parte della nostra rete distributiva, dobbiamo essere consapevoli che la strategia giusta ci aiuterà ad accelerare i tempi. Una parte importante della strategia è senz'altro quella legata all'innovazione.

In questo momento storico sono essenziali, da una parte, l'utilizzo di piattaforme digitali per formare i nostri incaricati, nonostante possano trovarsi a distanze logistiche rilevanti da noi e, dall'altra, la specializzazione riguardo le competenze di digital marketing, fondamentali per aumentare il numero dei distributori e del fatturato in modo automatico.

Poter insegnare e mettere a disposizione dei miei incaricati il sistema che lavora instancabilmente per ognuno, a prescindere dal tempo che si ha a disposizione, è stata la competenza che maggiormente mi ha gratificato. Ritengo che sia veramente l'arma vincente del mio gruppo di Network rispetto a ciò che attualmente è conosciuto.

Prima di salutarvi augurandovi il massimo del successo al quale aspirate, vorrei informarvi che, dopo anni di ricerche sul mercato, mio malgrado, non sono riuscito a trovare un'azienda di Network marketing che avesse tutte le filosofie che ho spiegato in questo libro. Per questo motivo, ho scelto di coinvolgere dei finanziatori che sposassero il mio progetto. Per chi volesse maggiori informazioni può contattare il mio staff attraverso i contatti sotto riportati.

info@andreadesisti.it
www.andreadesisti.it

www.ingramcontent.com/pod-product-compliance
Lightning Source LLC
LaVergne TN
LVHW020336200726
843507LV00012B/2389